大数据丛书

"十三五"国家重点出版物出版规划项目

数据生产力

企业BI项目建设与运营

王文信 杨扬 编著

電子工業出版社
Publishing House of Electronics Industry
北京•BEIJING

内 容 简 介

经过十余年的信息化建设，很多企业都上线了各种业务系统，积累了大量业务数据，具备应用 BI（商业智能）进行数据分析和数据化管理的条件。而如何让 BI 项目在企业中落地并持续运转，成为很多企业尤其是传统企业头疼的问题。本书聚焦 BI 与 BI 项目，重点介绍了 BI 项目的建设流程和运营技巧，并围绕 BI 项目中的场景和人员两大要素，分享了 BI 在零售、金融、制造、医疗和教育等行业中的应用案例，提出了搭建企业数据人才培养体系的方法。

本书阐述了一套较为完善的 BI 项目成功方法论，无论是负责规划企业整体 BI 战略的 CIO 或其他高层管理者，还是负责实施具体 BI 项目的项目经理或 IT 人员，抑或是需要从中配合的业务人员，都可以通过本书了解 BI 项目成功的要点，提升规划、实施和运营 BI 项目的能力。

图书在版编目（CIP）数据

数据生产力：企业 BI 项目建设与运营 / 王文信，杨扬编著. —北京：电子工业出版社，2020.12
（大数据丛书）

ISBN 978-7-121-40302-6

Ⅰ. ①数… Ⅱ. ①王… ②杨… Ⅲ. ①企业管理－数据管理 Ⅳ. ①F272.7

中国版本图书馆 CIP 数据核字(2020)第 261613 号

责任编辑：许　艳
印　　刷：北京京师印务有限公司
装　　订：北京京师印务有限公司
出版发行：电子工业出版社
　　　　　北京市海淀区万寿路 173 信箱　　邮编：100036
开　　本：787×980　1/16　印张：13.5　字数：230.7 千字
版　　次：2020 年 12 月第 1 版
印　　次：2021 年 3 月第 3 次印刷
定　　价：69.00 元

凡所购买电子工业出版社图书有缺损问题，请向购买书店调换。若书店售缺，请与本社发行部联系，联系及邮购电话：（010）88254888，88258888。

质量投诉请发邮件至 zlts@phei.com.cn，盗版侵权举报请发邮件至 dbqq@phei.com.cn。

本书咨询联系方式：（010）51260888-819，faq@phei.com.cn。

推荐语

在数字化转型过程中，企业可以充分利用内部系统所积累的大量数据，制定标准来进行数据治理，并应用帆软 BI 产品对不同维度的数据进行分析，用数据驱动企业的运营，提升用户体验和进行业务创新，赢得竞争优势。本书集 BI 项目建设方案和实践于一体，为企业挖掘数据价值、进行业务创新提供了有益参考。

雷万云

资深企业云计算专家

《数据生产力：企业 BI 项目建设与运营》一书从 BI 项目切入，阐述了 BI 对企业数字化转型的价值，对于想从事数据治理和数据分析的人来说，是一本非常实用的案头书。通过 BI 项目让管理层看到数据的价值，不仅能帮助企业提高竞争力，也是企业内的数据从业人员个人快速成长的捷径！

罗艳兵

弘阳集团有限公司助理总裁

全国房地产企业 CIO 联盟秘书长

数据是数字经济的“新能源”，“让数据成为新的生产力”是企业数字化转型的核心目标。在国家“双循环”发展的大背景下，通过对数据的采集、存储、分析和挖掘，来实现对资源的优化配置和再利用，完成由经验驱动向由数据驱动的管理模式升级，已成为企业的重要战略目标，而 BI 就是达成这一目标的重要工具。本书从理论出发，配以案例解析，完整地描述了 BI 项目的规划、实施及运营过程，不失为企业进行数字化建设的“良师益友”。

赵宇乾

大连光洋科技集团副总裁

当“云物移大智”——云计算、物联网、移动互联网、大数据、人工智能等新技术大行其道之时，人们很容易忽视作为我国企业主体的广大中小企业、传统企业、制造企业刚刚完成或者正在进行信息化建设，这才是现实和基本面。所以，对企业的管理者而言，扎扎实实做好 BI 项目，不仅是一笔“性价比”很高的投资，也是拥抱新技术的“入场券”。

胡盛行

中国商飞数据管理总师

工欲善其事，必先利其器，BI 工具的出现和深入运用在企业管理中的地位不亚于核弹在现代战争中的地位。BI 工具为企业提供了强大的可视化能力，将企业运营管理中的数据以各种易读的形式展现出来，辅助管理者监控流程、分析数据、执行操作和进行战略决策。尤其是管理驾驶舱，一图胜千言，关键信息一览无余，真正实现了决策者“运筹帷幄之中，决胜千里之外”。我们是先对帆软工具有了深度应用，实现了集团层面的管理驾驶舱，然后才读到本书。如果本书能早点出版，相信我们必能事半功倍，少走弯路。

吴大为

无锡商业大厦集团 CIO

数据已经成为企业的第一生产力。数据价值的释放，离不开 BI 工具。帆软 BI 产品不是简单的数据可视化工具，企业还能利用这些产品来开发 BI 项目，用数据呈现业务，再用业务语言和管理的 KPI 描述企业资源的全貌，使企业的经营细节结构化、决策数据化，最终驱动企业资源流向最需要它们的生产线。以上也是本书的核心思想。书中还提供了不少案例，推荐大家阅读。

王歆

滔搏国际控股 CIO

当前诸多传统企业的数字化转型探索步入关键期——在 BI 项目将业务与流程的数据融合之后，如何打造由数据驱动的卓越运营体系成为一个亟待突破的挑战。本书从 BI 项目的运营、应用场景、人才培养三个方面给出了很好的指引，值得阅读。

耿峰

中集青岛冷藏产业基地信息中心主任

青岛 CIO 联盟秘书长

在数据价值日益彰显的今天，BI 可以说是推动传统制造企业数字化转型的利器。本书从 BI 项目入手，涵盖建设流程、运营技巧和实践案例等方面的内容，相信能为广大企业的 BI 项目建设和数字化转型提供有用的参考。

吴忠源

东北制药集团股份有限公司信息管理中心主任

企业实施 BI 项目，往往短期上线易而长期运营难，缺少关于 BI 项目实施和运营的系统性行动指南是原因之一。本书的出版如雪中送炭，从方法到案例，本书深入浅出地阐明了 BI 项目建设中必须关注的所有核心问题，可以作为企业数字化从业者的工具书。

熊衍

江苏洋河酒厂股份有限公司大数据负责人

在数字时代，所有行业都有重做一遍的可能！数据成为关键生产要素，运用商业智能（BI）从数据中挖掘出有价值的信息，为企业的决策与管理提供支持，成为企业数字化转型成功的关键。企业运用 BI 技术分析数据，需要在科学的方法论指导下进行，还要总结众多商业实践并加以完善。本书正是作者在总结不同行业大量 BI 项目实践后形成的较为完整的方法论，对于国内企业的 BI 项目建设具有极高的参考价值，可以帮助企业“少走弯路，少踩坑”，加快数字化进程。

万宁

钛媒体集团联合创始人、首席研究官

ITValue 社区发起理事

本书对 BI 理论、技术、价值和应用等做了详细介绍，既有对知识体系的总结，也有对实践案例的分享，值得相关管理人员和 BI 专业人员研读。

姚乐

CIO 时代学院院长

中国新一代 IT 产业推进联盟秘书长、北大 CIO 班创办人

企业上 BI 项目的目的不是把数据简单地图表化或报表化，而是要将 BI 工具和业务深度结合，最终运用到企业运营中，产生管理价值。这本介绍企业 BI 项目的书，不仅仅是 IT 部门的读物，也值得所有数据分析师、产品设计师、运营管理者阅读。

黄成明

数据化管理咨询顾问、培训师

《数据化管理》作者

用了 BI 工具不等于 BI 项目就一定能成功，BI 项目的实施方法论也非常重要。本书最有吸引力的地方，就是对如何开展一个 BI 项目进行了详细的描述，并提供了

众多参考案例，无论是对 BI 工具的新用户还是对老用户，都具有极大的参考价值。

曹开彬

中国软件网、海比研究总裁

中国软件行业协会应用软件产品云服务分会秘书长

本书从场景视角对 BI 项目的功能应用和业务应用进行了细致拆解，使得 BI 项目可以下沉到业务创新场景中，更细腻地支持那些“听得见炮声”的人，非常令人惊喜！

王甲佳

场景学社创办人、零程大学 IT 学院院长

本书以企业 BI 项目的建设与运营为主题，以发展企业数据生产力为出发点，详细阐述了企业 BI 项目建设的方法论，是企业数字化建设工程的实践总结，是业界难得的力作。在企业信息化“新基建”的浪潮下，国内企业纷纷开始建设与运营 BI 项目，但是由于数据基础及人才队伍参差不齐，大多数企业面临较大阻碍。本书堪称企业数字化建设的灯塔，是成功建设 BI 项目的点金石！

苏俐

正高级会计师、中国成本研究院理事

当今世界已进入数据爆炸的时代，数据成为企业最重要的资产之一。能够实现可持续发展、决胜未来的企业，一定是以数据为驱动力的企业。本书以 BI 项目为主题，从 BI 项目的实施、建设、运营、场景应用、实践案例、人才培养等方面，全方位展示了利用 BI 项目建设数据驱动型企业的方法与 BI 项目的价值，是时下少有的实用型 BI 项目图书。

黄培

e-works 数字化企业网总编、CEO ，华中科技大学兼职教授

前言

如今谈及企业经营，数据是绕不开的话题。BCG（波士顿咨询公司）在《数字化时代的商业革命》报告中表明，“数字化颠覆几乎成为各行各业的‘新常态’”，而数据是关键生产要素这一观点也已然成为共识。一方面，大数据、人工智能等领域新技术不断出现和发展，促成并加速了数据在互联网行业的应用和落地；另一方面，传统行业纷纷启动数字化转型，期待从数据中挖掘更多商业价值。BI（Business Intelligence，商业智能）能整合、组织和分析数据，将数据转化为有价值的信息，为企业管理和决策提供支持，成为企业迎接变革和商业创新的决胜因素。

尽管 BI 问世已有二十余年，但在国内近几年才开始流行，这和国内企业的信息化发展进程有很大关系。经过十余年信息化建设，很多企业都上线了各种业务系统，积累了大量业务数据，具备应用 BI 进行数据分析和数据化管理的条件，而且激烈的市场竞争也使企业高层不得不考虑通过精细化运营降本增效。可以说应用 BI、建设 BI 项目是企业从信息化建设迈向数据化管理的重要过渡，是企业信息化进程发展到一定阶段的绝佳选择。

BI 的价值虽然可观，但 BI 项目的建设难度却远超企业想象，没有系统的方法论指导，项目很难达到预期的目标。不同企业的实际情况有很大差异，企业 IT 团队、BI 厂商以及项目外包团队的实施能力也参差不齐。企业是否需要建设 BI 项目？如果需要，应该在什么时候建设？由谁来建设？建设什么样的项目？怎么建设？此外，BI 项目的建设涉及很多具体问题，比如工具怎么选？企业的数据质量怎么样？人员能力怎么提升？项目上线后如何运营？很多企业还没有想清楚这些问题，就仓促建设 BI 项目，最终导致项目的效果不佳甚至是彻底失败，十分可惜。BI 项目应该用于企业数据应用的真正落地，而不是给企业描绘一个无法达成的愿景。

因此，企业需要系统的 BI 项目方法论。然而纵观市面上的各类 BI 相关图书，有科普理论知识的，有介绍 BI 工具或技术的，还有介绍数据分析方法的，但是介绍 BI 项目建设，特别是 BI 项目运营的少之又少。一般的项目管理和实施类图书倒是非常多，却又不涉及 BI 项目的细节和关键要点，对 BI 项目人员而言只能作为大致的参考。因此，写一本书介绍 BI 项目的建设与运营方法很有必要，这也是笔者写这本书的主要原因。

笔者所在的企业是一家国内领先的 BI 产品供应商，累计帮助万余家企业的 BI 项目成功落地，拥有丰富的经验。笔者将自己的项目经历与公司多年的经验总结成本书，希望为广大企业提供有价值的参考，帮助其 BI 项目成功落地。

谁适合阅读本书

本书介绍了一套较为完善的 BI 项目成功方法论，涉及 BI 项目的规划、实施、运营等多个方面。无论负责规划企业整体 BI 战略的 CIO 或其他高层管理人员，还是负责实施具体 BI 项目的项目经理、IT 人员，或需要从中配合的业务人员，都可以通过本书了解 BI 项目成功的要点，提升规划、实施和运营 BI 项目的能力。

本书涵盖的内容

本书聚焦 BI 和 BI 项目，从 BI 及相关概念出发，将 BI 项目方法论与企业实践案例相结合，对 BI 项目的建设与运营、场景应用和人才支撑等内容进行了重点介绍。全书共 6 章，结构如图 1 所示，涵盖的内容可以分为以下四部分：

第一部分：认识 BI（第 1 章），主要介绍 BI 及相关概念，包括定义、BI 的类型、BI 的功能、技术和价值等，帮助读者较为全面地认识 BI。

第二部分：BI 项目的建设流程（第 2 章）与运营技巧（第 3 章），系统回答 BI 项目做什么、谁来做、怎么做，以及如何把项目运营起来等问题。其中，BI 项目建设流程介绍了明确需求、工具选型、项目规划与实施方案、项目开发与管理等内容。BI 项目不是搭好平台就结束了，BI 项目要成功还需要做很多细致的运营工作，主要涉及数据治理、业务模型、人员配合、信息安全等方面的内容。

第三部分：BI 在企业实际场景中的应用，包括功能应用（第 4 章）和业务应用（第 5 章）。这部分内容的目的是为企业提供案例作为参考，了解 BI 项目能带来什么价值，给企业带来哪些变化。其中，BI 功能应用介绍了数据大屏、移动应用和自助分析的项目方案，BI 业务应用主要介绍 BI 在零售、金融、制造、医疗和教育等五大行业的典型业务应用方案与落地实例。

第四部分：企业数据人才培养（第 6 章）。BI 项目的建设和运营需要的数据人才，既可以对外招聘也可以内部培养，但是数据人才供不应求，而且 BI 项目与企业的业务、文化、管理等联系紧密，很难招到合适的人，因此笔者建议“招不如养”，在内部培养自己的数据人才。第 6 章介绍搭建企业数据人才培养体系的方法，帮助企业培养能够成功建设和运营 BI 项目的优秀人才。

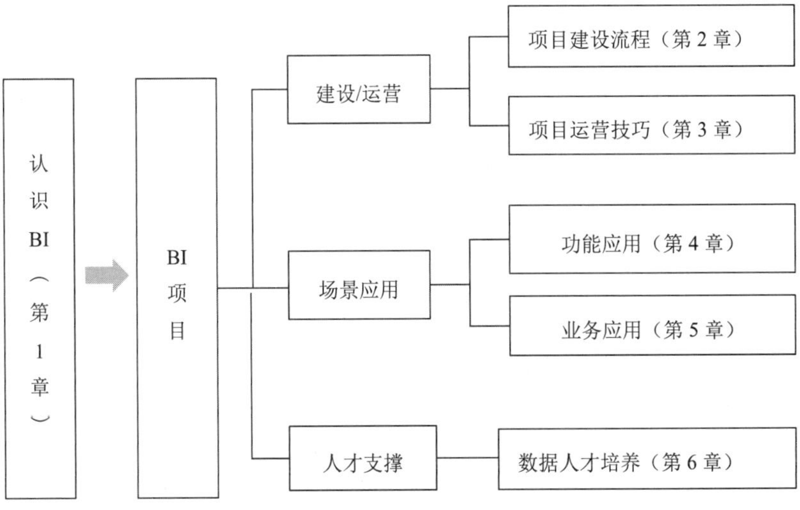

图 1　本书内容结构

致谢

本书的完成离不开众多客户、同事和专家的支持，在此对你们致以诚挚的感谢！

首先要感谢笔者所在公司（帆软软件）的广大客户，你们的 BI 项目建设和应用实践为本书的写作提供了大量的案例素材，感谢你们！

其次要感谢帆软的同事，包括项目、市场、产品和行业顾问团队，没有你们对 BI 的深刻理解和丰富的 BI 项目经验，就没有本书中的 BI 项目成功方法论。

最后要特别感谢帆软的袁华杰、许秀鹏、梅杰以及电子工业出版社的许艳，本书的完成和完善离不开你们的宝贵意见和建议。特别是袁华杰，在材料的整理和图书内容的规划上给予笔者莫大的帮助。

再次感谢帮助笔者完成本书的所有人，感谢你们！

由于笔者水平有限，书中疏漏之处还望读者不吝指正。

作　者

2020 年 11 月

读者服务

微信扫码回复：40302

- 获取作者提供的各种共享文档、线上直播、技术分享等免费资源
- 加入本书读者交流群，与作者、更多读者及同行互动
- 获取博文视点学院在线课程、电子书 20 元代金券

目录

第 1 章

认识 BI

信息时代，数据成为关键的生产要素。如何利用好数据，释放其价值，成为企业面临的一大挑战。BI（Business Intelligence，商业智能）便是炼数成金的工厂，是数据价值的放大器。它能帮助企业深入挖掘数据之矿，提炼出有用信息，驱动决策和经营，提升竞争力和利润。

什么是 BI？不同的人可能会给出不同的答案。有人说就是做报表，有人说是数据可视化，也有人说是数据分析。这有点像盲人摸象，每个人都是在根据自己接触到的一个侧面定义 BI。本章将从各个维度介绍 BI，以期帮助读者较为完整、全面地认识 BI。

1.1 BI 的定义及相关概念

BI 起源于 20 世纪 50 年代，并不是近两年才出现的新生事物，但是其内涵因信息技术的发展和企业需求的改变发生了一些变化，大众对于 BI 的理解存在较大区别。此外，从企业广泛多样的应用形式中衍生出的一些 BI 相关概念，也给大众带来不小的认知困惑。

1.1.1 BI 的定义

BI 即 Business Intelligent，中文译为商业智能、商业智慧或商务智能。1996 年，Gartner 正式提出 BI 的定义：

一类由数据仓库（或数据集市）、查询报表、数据分析、数据挖掘、数据备份和恢复等部分组成的、以帮助企业决策为目的的技术及其应用。

2013 年，Gartner 对 BI 概念进行了更新与扩展，在“Business Intelligence”一词中加入“Analytics”，合并成“Analytics and Business Intelligence”（ABI，分析与商业智能），并且纳入应用、基础设施、工具、最佳实践等多项内容，将其定义为：

An umbrella term that includes the applications, infrastructure and tools, and best practices that enable access to and analysis of information to improve and optimize decisions and performance.（BI 是一个概括性术语，包含应用、基础设施、工具，以及能通过访问和分析信息来改进决策、优化性能的最佳实践。）

由此看出，BI 是对一些现代技术的综合运用。它为企业提供迅速分析数据的技术和方法，包括收集、管理和分析数据，将数据转化为有价值的信息，并分发到企业各处，让企业的决策有数可依，减少决策的盲目性，使企业的管理和经营更理性。

Gartner 对 BI 做出了很正式的定义，但是由于国内外市场环境的差异以及 BI 在企业中的应用形式多样，国内用户对于 BI 的理解可谓千差万别。国内大数据 BI 行业研究机构帆软数据应用研究院对 1000 多名 BI 从业人员进行了调研，结果显示，对 BI 的理解集中于数据的分析和展示，甚至被等同于数据分析与数据可视化。因此，国内很多企业中对 BI 的应用仍然停留在拿报表给领导看结果的层面，也就不足为奇了。从这个侧面可以看出，BI 更深层的功能和应用，比如数据挖掘等还没有落地，其真正的价值并没有完全体现出来。从前端展示到体系化的决策支持，BI 在企业中的应用还有较长的路要走。

考虑到国内外企业信息化水平的差别，为了更贴合我国企业的实际情况，2020 年 9 月帆软数据应用研究院联合 CIO 时代学院、新基建创新研究院发布《商业智能（BI）白皮书 2.0》，在文献研究和企业调研的基础上，结合我国的市场环境，对 BI 做出新的定义："BI 是在打通企业数据孤岛，实现数据集成和统一管理的基础上，利用数据仓库、数据可视化与分析技术，将指定的数据转化为信息和知识的解决方案，其价值体现在满足企业不同人群对数据查询、分析和探索的需求，从而为管理和业务提供数据依据和决策支持。"

1.1.2 BI 的发展前景

作为时下的热词，BI 受到广大企业的关注。虽然全球 BI 市场规模受经济下行等宏观环境影响，增速有所放缓，但是市场前景依旧大好。

2019 年全球 BI 市场规模的增长数据较 2018 年均有所下降，增速稍有放缓。Gartner 在其 *Market Share: Analytics and Business Intelligence, Worldwide, 2019* 报告中

指出，全球数据分析和 BI 软件市场 2019 年增长了 10.4%，达到 248 亿美元。其中，现代 BI 平台增长 17.9%，增速最快，其次是数据科学平台，增长 17.5%。这些数据在 2018 年分别是 11.7%、23.3%和 19.0%。

和全球市场相比，国内 BI 市场的情况要好一些。IDC 的《2019 年下半年中国商业智能软件市场数据跟踪报告》显示，2019 年全年中国 BI 软件市场规模为 4.9 亿美元，同比增长 22.6%，高出全球增速不少。受新冠疫情影响，IDC 预测 2020 年中国 BI 软件市场增速有所放缓，预计同比增长 18.1%。Forrester 咨询公司的数据也显示，2019 年以来，BI 软件在 IT 产品采购排名中从第 9 位上升到第 3 位。可见作为企业数字化转型的关键一环，BI 行业将大放异彩。

2020 年 9 月，帆软数据应用研究院等对 300 多家企业的 CIO 进行调研。调研结果显示（参见图 1-1），中国企业对 BI 的应用和创新正在升级转型，虽然目前对 BI 的应用仅限于部门内部报表管理的企业仍占 38.1%，但是已经有超过三分之一的企业（32.5%）对 BI 的应用，从部门级报表或者部门级决策支持，上升至全企业内部的统一应用，而且各部门已经打通数据孤岛，实现基于企业级 BI 平台的数据抽取、加载和分析。这充分说明中国企业对 BI 的应用正在快速发展和日趋成熟，不再是简单地展示数据，而是以数据为支撑，推动企业数字化转型，助力经营模式创新和发掘新的竞争力。在受访企业中，大部分年营收近 100 亿元和超 100 亿元的企业，都已经应用了企业级 BI 平台，其中金融、大型制造、房地产、医药等行业财力雄厚，对数据的应用起步较早，对数据分析和展现的需求较迫切，成为企业级 BI 平台应用的先行军。

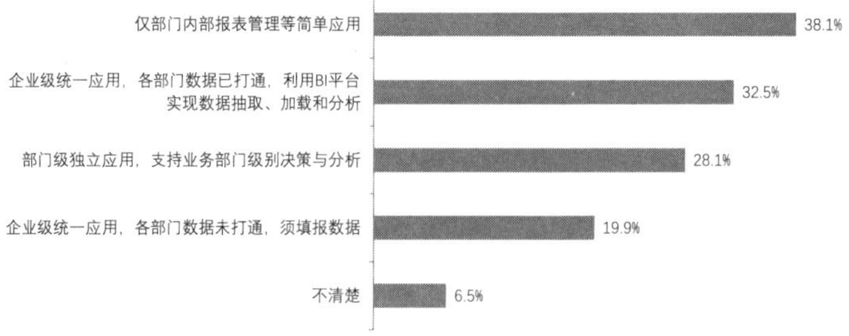

来源：帆软数据应用研究院等《商业智能（BI）白皮书 2.0》

图 1-1　中国企业目前的 BI 应用水平

同时，调查发现，超过 70%的企业在后疫情时代将继续推动或加速推动 BI 项目建设，如图 1-2 所示。另外，从图 1-3 所示的调研数据可推断，将近四分之一的受访企业 2020 年 BI 项目投入将超过 100 万元，近 8%的企业 2020 年 BI 项目投入将超过 500 万元，说明中国企业已经通过这场灾难深刻感受到数字化转型的必要性和紧迫性。只有全面构建企业数据决策文化，推动分析驱动的数字化转型，才能为企业未来的发展奠定基石。

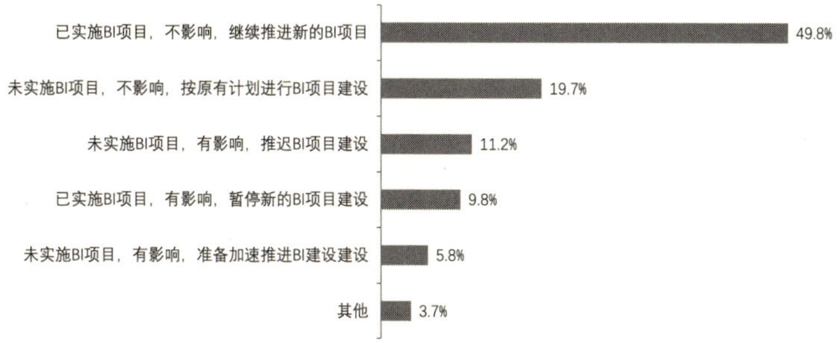

来源：帆软数据应用研究院等《商业智能（BI）白皮书 2.0》

图 1-2　新冠疫情对中国企业 BI 项目建设规划的影响

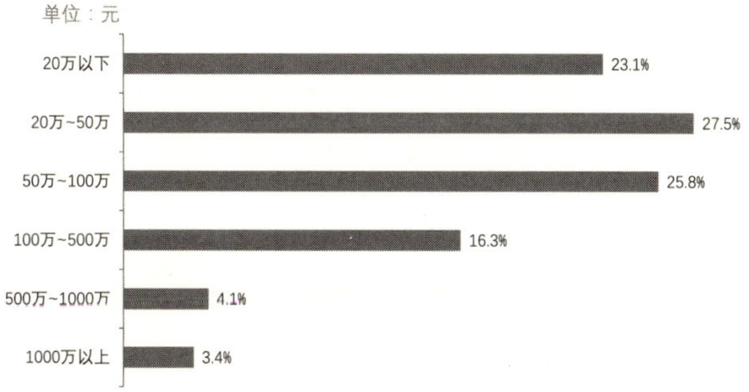

来源：帆软数据应用研究院等《商业智能（BI）白皮书 2.0》

图 1-3　2020 年中国企业预计在 BI 项目建设上的综合投入

1.1.3　BI 工具、平台、系统、项目

BI 在企业中的不同应用形式，有不同的说法（名字）。为了在本书中统一表述，避免混淆，这里对这些名字以及它们之间的关系进行集中的梳理与区分。

1. BI 工具

BI 工具由 BI 厂商提供，也被称为 BI 产品或 BI 软件。按照大众理解和企业应用的实际情况，BI 工具即为狭义的 BI，是指以数据可视化和分析技术为主，具备一定的数据连接和处理能力的软件，使用者能通过可视化的界面快速制作多种类型的数据报表、图形、图表，使企业不同人群在一定的安全要求和权限设置下，能在 PC 端、移动端、会议大屏等终端上对数据进行查询、分析和探索。

BI 工具作为大数据领域下的一个细分领域，与数据可视化工具、数据挖掘工具同处于分析工具子领域中，如图 1-4 所示。因此，BI 工具与二者存在交集，比如一些 BI 工具就具备数据挖掘功能。但是三者之间的区别也很明显。数据可视化工具专攻让数据的展示效果更炫、更精美，有较高的技术门槛，例如 ECharts 就是一个纯 Java 的数据可视化库。数据挖掘工具则专攻从大型数据集中发现并识别模式，如 R 语言、Weka 等。

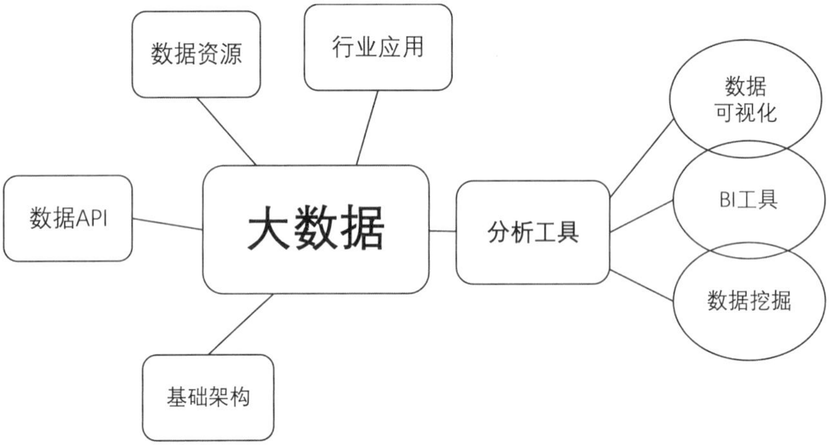

图 1-4　大数据领域生态图谱（简图）

企业中的各类软件系统的本质是数据采集+流程管理+数据展示，BI 工具在数据展示方面提供了强大的功能，有些 BI 工具如 FineReport 还具备数据采集（填报）功能，所以不同企业可以基于自身的场景和需求，创建千姿百态的应用。

2．BI 平台

平台是指计算机硬件或软件的操作环境，泛指进行某项工作所需要的环境或条件。计算机平台的概念基本上有三种：第一种是基于快速开发目的技术平台，第二种是基于业务逻辑复用的业务平台，第三种是基于系统自维护、自扩展的应用平台。技术平台和业务平台都是软件开发人员使用的平台，而应用平台则是应用软件用户使用的平台。BI 平台便属于应用平台的范畴，是以 BI 工具为核心的软件结合计算机硬件等形成的，用于连接、处理、分析与展示数据的环境。用户可以利用 BI 平台开发各类数据应用，这些应用就组成了我们接下来要介绍的 BI 系统。

3．BI 系统

软件系统是指若干部分相互联系、相互作用的模块形成的具有某些功能的整体，是为某一个或某一类任务而设计开发的。BI 系统是指利用 BI 平台开发的完整数据应用模块，即具备连接、处理、分析与展示业务数据等功能的企业经营主题模块。简单来说，BI 系统就是企业实际业务需求在 BI 平台上被开发出来后形成的业务分析模块。单一的模块或多个模块组成的整体都可以称为 BI 系统。

4．BI 项目

严格来说，BI 项目是指企业规划、开发和管理 BI 应用或系统的活动，其中的开发环节便是借助 BI 平台来完成的。有时候，我们说 BI 项目其实是指该项目所开发的 BI 应用或系统，也指 BI 平台。在企业中有集团级项目，也有部门级项目，有面向管理层的企业经营管理驾驶舱项目，也有面向业务部门的如财务分析项目等。BI 项目在企业中的名称五花八门，如表 1-1 所示。

表 1-1　BI 项目在企业中的实际名称

BI 经营数据报表	数据挖掘与数据分析平台
经营驾驶舱系统	知识库共享平台
可视化管理系统	数据服务平台
商务智能分析系统	生产制造数据展示平台
数据分析系统	地产营销数字化平台

续表

教师业绩自由组合项目	自助数据服务生态项目
客户流失"显微镜"项目	IS 智能决策系统
存款绩效考核自动化项目	……

由表 1-1 可以看出，BI 项目的范围非常大，从形态上来说，业务报表、数据分析和数据可视化任务等都可以算作 BI 项目。一个报表分析项目，使用单个 BI 工具就能实现，而大的 BI 项目则可能需要涉及上下游的数据仓库、数据治理、数据管道、3D 数据建模等。

具体到项目建设环节，企业根据自身能力，一般有两种不同的模式可选择。若其 IT 部门具备独立建设 BI 项目的能力，能够做好需求把控、数据处理、项目管理等环节，那么可以自行建设，但需要选择一款合适的 BI 工具；若 IT 部门不具备这样的能力，企业就需要引入 BI 产品供应商或者项目实施商，除了选择 BI 工具，对供应商和项目实施商的能力也要仔细考量。

1.2 BI 的类型

本节将按照功能模式和部署模式介绍 BI 的分类。

1.2.1 报表式、传统式和自助式

按照不同的功能模式，当前的 BI 可以分为报表式、传统式和自助式三类。

1. 报表式

报表式 BI 主要面向 IT 人员，适用于各类固定样式的报表设计，通常用来呈现业务指标体系，支持的数据量不大。国内的报表式 BI 于 1999 年左右开始起步，在 2013 年趋于成熟。由于国内企业对于报表格式的纠结和坚持，非常多的企业对表格式报表情有独钟，解决中国式复杂报表难题经常成为企业对 BI 工具选型时的重点需求。

报表式 BI 大多采用类 Excel 的设计模式，虽然主要面向的对象是 IT 人员，但是业务人员也能快速学习和掌握，并在既定的数据权限范围内，制作一些基本的数据报表和驾驶舱报表。

2. 传统式

传统式 BI 同样面向的是 IT 人员，但是侧重于 OLAP（Online Analytical Processing，联机分析处理）即席分析与数据可视化分析。传统式 BI 以 IBM 的 Cognos、SAP 的 BO 等国外产品为代表，其优势是面对大数据量时具有高性能和高稳定性，劣势也十分明显——数据分析的能力和灵活性差。根据 Forrester 的报告，采用传统式 BI 的企业或机构中，83%以上的数据分析需求无法得到满足，这表明很多企业重金打造的 BI 系统几乎成为摆设，收效甚微。此外，项目耗资不菲、实施周期极长、风险大、对使用者技术要求高等特点，也不利于传统式 BI 的推广和普及。

3. 自助式

自助式 BI 也叫敏捷 BI。传统式 BI 屡遭诟病，而业务人员对数据分析的需求不断增加，自助式 BI 应运而生。自助式 BI 产品较多，国外产品有 Power BI、Tableau、Qlikview，国内产品有 FineBI 等。自助式 BI 面向业务人员，追求业务人员与 IT 人员的高效配合：让 IT 人员回归技术本位，做好数据底层支撑工作；让业务人员回归价值本位，通过简单易用的前端分析工具，基于业务理解轻松开展自助式分析，探索数据价值，实现数据驱动业务发展。

自 2014 年起，可视化数据分析、自助式 BI 在国内高速发展，传统式 BI 开始衰退。但是，自助式 BI 也不是万金油，企业在选择工具时应综合考虑自身需求及自助式 BI 的特点。与传统式 BI 相比，自助式 BI 主要有以下几项优势，这也是自助式 BI 被称为敏捷 BI 的原因：

- 快速部署。传统式 BI 系统从总体架构的设计到具体的部署环节，通常需要花费几个月的时间。而自助式 BI 系统的部署不需要经历漫长而复杂的设计和建模过程，只需要不到一周的时间，企业就可以迅速进行数据分析和可视化项目的建设。

- 快速、灵活地应对需求。传统式 BI 给 IT 人员带来较大的压力，大量需求堆积导致无法快速、灵活地响应。而采用自助式 BI，IT 人员只需要负责整理基础数据架构，维护和开发接口，业务人员可以自行进行快速的可视化分析和报表分析。

- 产品采购成本相对较低。传统式 BI 产品的采购成本偏高，还有一些额外的培训和咨询服务成本。自助式 BI 产品只着重解决某些问题，功能不一定大而全，因而相对便宜。

- 工具使用起来简单、易上手。传统式 BI 面向 IT 或者数据等技术部门，对技术背景有一定要求，学习曲线陡峭，工具操作难度大；而自助式 BI 面向的对象是业务人员，工具操作简单、容易上手，一般通过简单的鼠标操作即可进行数据分析。

总而言之，对于业务人员需要进行自主分析，解决重点关注问题，灵活应对业务需求，快速完成部署等场景，自助式 BI 是一个不错的选择。

需要强调的是，这三类 BI 各有优劣，分别适用于不同的场景，不是绝对的相互替代的关系。它们，尤其是报表式和自助式 BI，将长期共存，供企业按需选择，直到信息化基础条件发生根本改变。参考 Gartner 所倡导的双模 IT 模式，建议企业根据自身数据应用成熟度来判断哪一类 BI 哪个更适合自己，或者是否需要结合使用。以图 1-5 中的双模 IT 下的帆软 BI 体系为例，报表式 BI 面向 IT 人员，可用于固定的、大型的 BI 项目，自助式 BI 面向业务人员，可应对灵活、动态的分析需求。

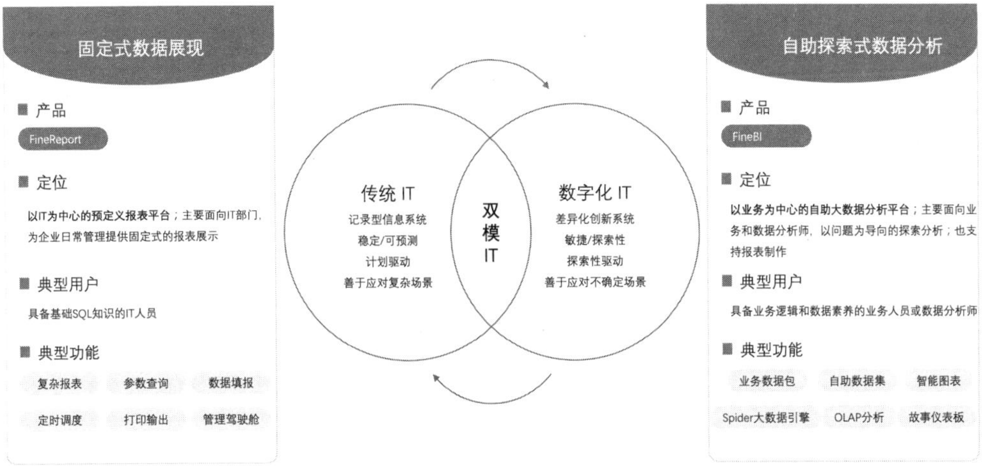

图 1-5　双模 IT 下的帆软 BI 体系

1.2.2　本地 BI 和云 BI

按照部署模式的区别，BI 可以分为本地 BI 和云 BI 两类。

一般情况下，本地 BI 由于需要用 Web 浏览器展示结果，所以通常部署在 Tomcat、WebLogic、WebSphere 等 Web 应用服务器下。部署方式主要有部署包、独立部署、嵌入式部署等。其中部署包方式是指在各 BI 工具的官方网站下载部署包，里面已经包含服务器环境配置和工程等内容，解压后即可使用；独立部署方式则需要先安装 Web 服务器和 JDK；嵌入式部署方式用于需要将 BI 服务器集成到其他工程中直接调用的情况。不同的 Web 应用服务器和部署方式在部署细节上有不少区别，这里不对技术细节展开讲述。

云 BI 主要有私有云 BI 和 SaaS BI 两类。数据在哪里，BI 系统就部署在哪里。如果企业的业务系统都还在本地，其实没有必要把 BI 系统放到云上，而且这么做并不会改善 BI 系统的使用体验。不过在云市场加速发展的大环境下，企业中的各种数据迁移至云是大势所趋，但为了保证数据安全，可能更多企业会选择私有云。根据 Gartner 关于企业上云计划的调研数据，75%的受访企业表示在 IT 基础设施建设和业务系统方面都有搭建私有云的计划，那么 BI 系统必然部署在私有云上。因此，“上云”对 BI 的要求就在于能够方便、快捷、稳定地连接云数据，让云数据参与分析。

公有云的主要表现形式就是 SaaS BI，其中的 SaaS（Software-as-a-Service，软件即服务），是指由厂商提供公有云部署，用户订阅的模式。从功能层面上讲，SaaS BI 的功能本地 BI 都可以实现，但是前者的长处在于灵活便捷，成本更低，因此更适合一些个人用户和中小型企业。例如，一个加油站站长需要用大量的 Excel 数据做分析，应用本地 BI 当然是可以的，但他不可能花费几万元来购买本地 BI 工具，同时他自己的电脑也未必能支撑本地 BI 工具的计算量。采用 Saas BI 既能满足他的数据分析需求，又能有较高性价比，何乐而不为呢？另外，大企业或者拥有数据仓库的企业，通常是不可能把自己的数据放到公有云上的，而一些中小企业，其业务系统以 SaaS 软件为主，甚至没有自己的数据库，那么采用 SaaS BI 就十分灵活，可以直接通过 API 接入用户 SaaS 软件的数据进行分析。

1.3 BI 的功能与技术

从 1.1 节中的定义可知，BI 并不是指某一种技术，而是一组技术及应用。本节介绍 BI 涵盖的技术及其功能。

1.3.1 BI 的功能架构

按照从数据到知识的处理过程，BI 的功能架构如图 1-6 所示，分为数据底层、数据分析和数据展示三个层级。其中数据底层负责管理数据，包括数据采集、数据 ETL（Extract-Transform-Load）、数据仓库构建等环节，为前端报表查询和决策分析提供数据基础；数据分析主要是利用查询、OLAP 分析、数据挖掘及可视化分析等方法抽取数据仓库中的数据并分析，形成结论，将数据转化为信息和知识；最终通过数据展示层呈现报表和可视化图表等数据见解，辅助用户决策。

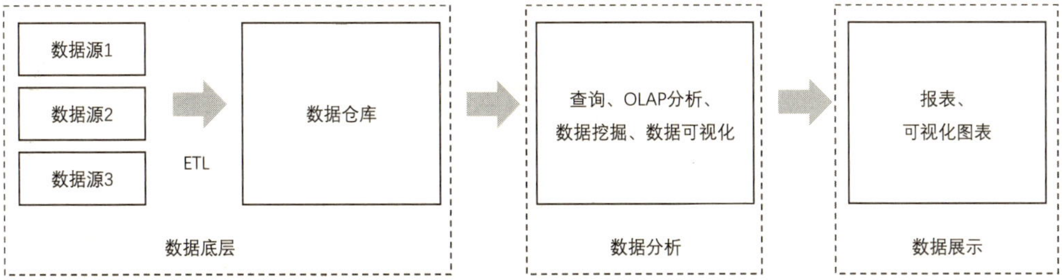

图 1-6　BI 的功能架构

具体到企业的决策与经营环节，BI 的运作流程如图 1-7 所示。首先从来自 ERP（Enterprise Resource Planning，企业资源计划）、OA（Office Automation，办公自动化）、财务等不同业务系统以及外部的数据中提取出有价值的部分。接着，对数据进行处理与存储，经过 ETL、数据清洗等过程后，合并到企业级数据仓库，得到企业数据的全局视图。最后，在此基础上利用合适的查询和分析工具、OLAP 工具等对数据进行分析和处理，将数据信息转变为管理驾驶舱、中国式复杂报表、自助分析、多维数据处理等应用，从而为企业管理者和运营人员的决策过程提供支持。

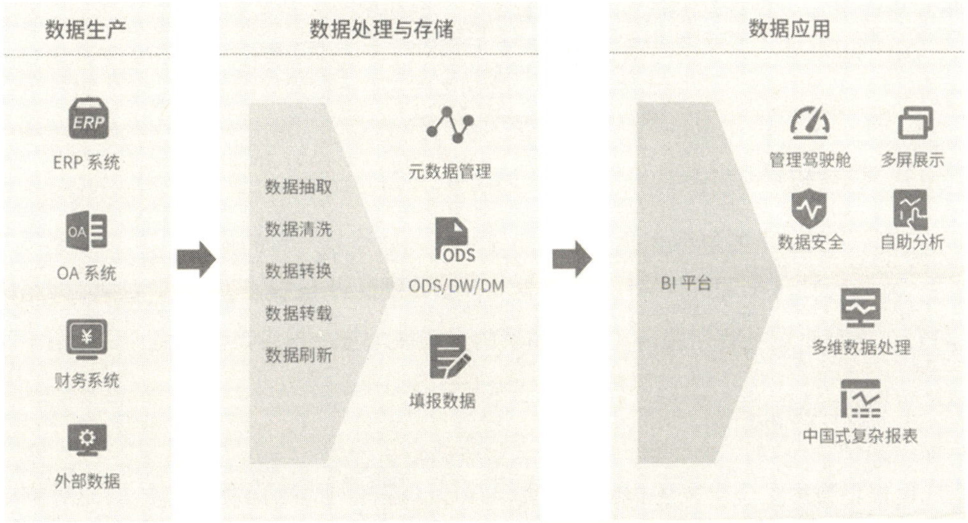

图 1-7　BI 支持企业决策与经营的过程

1.3.2 BI 的主要功能

企业决策是一个判断怎么做的过程，BI 要辅助管理者做决策，就必须提供相关的参考信息，即是什么和为什么。因此，按照对数据分析由浅到深的顺序，BI 的功能可以分为报告、交互分析、实时数据与预警、数据挖掘和自助分析等 4 个层次，如图 1-8 所示。层次越高，BI 的智能程度也越高。

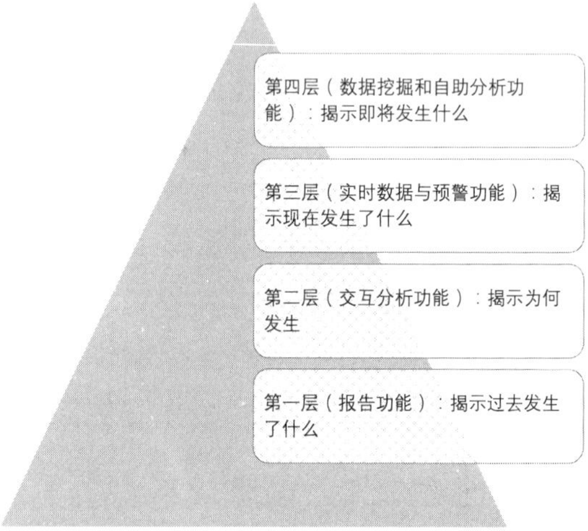

图 1-8 BI 功能金字塔

1. 报告功能

第一层，BI 需要告诉企业过去发生了什么，即要有一定的报告能力。BI 能提供事先定制好的报告、企业平衡记分卡或综合管理“仪表盘”，集中管理关键绩效指标（KPI），帮助企业了解运营情况，用简单的方式展示复杂报告，监控企业的运行。

2. 交互分析功能

仅仅将数据呈现出来还不够，还要“揭示（这样的情况）为何发生”，这就需要 BI 具备良好的交互分析功能，例如数据钻取、联动分析等。钻取是改变数据维度的层次，变换数据分析的粒度，包括向上钻取（Roll up）和向下钻取（Drill down）。向上钻取是在某一维度上将低层次的细节数据概括到高层次的汇总数据，或者减少维数，是自动生成汇总行的分析方法。向下钻取则相反，它通过从汇总数据深入到细节数据进行观察或增加新的维度。例如用户在分析“各地区、城市的销售情况”时，可以将某一个城市的销售额细分为各个年度的销售额，对某一年度的销售额，可以继续细分为各个季度的销售额。而联动分析本质上则是统一视图下的“钻取”，在用户体验上会优于数据钻取。

3. 实时数据和预警功能

第三个层次需要揭示现在发生了什么，对 BI 来说，就是提供实时的数据，并且在一定规则下能发送预警通知。常见的通知方式有颜色标识预警、邮件信息推送、短信提醒等定时调度功能，目的是当企业的生产经营发生异常情况时能够及时采取干预措施。例如，根据 BI 系统中的数据，发现最近客户因某种原因对服务或者产品不满，投诉较多，有可能会取消订单时，及时发送预警通知客户经理马上和客户联系，争取挽留客户，而不是等到客户流失之后才采取行动。

4. 数据挖掘和自助分析功能

对企业来说，仅仅了解现在的状况还远远不够，还需要推断未来会发生什么。未雨绸缪能够帮助企业预估风险等级，科学地调配资源。借助 BI 的数据挖掘功能，我们可以分析客户的类别、预测客户行为、预测业务趋势、辨认欺诈行为等。而自助分析功能则为业务人员提供了更灵活的分析能力，仅用简单的鼠标拖曳操作，就能选择自己需要分析的字段，几秒内就可以看到想要的数据，大大缩短了数据分析报告的制作周期，让数据分析过程不中断，让灵感快速得到验证。

1.3.3 BI 的主要技术

BI 涉及的主要技术可以分为展示类、分析类和支撑类三个层级，如图 1-9 所示。

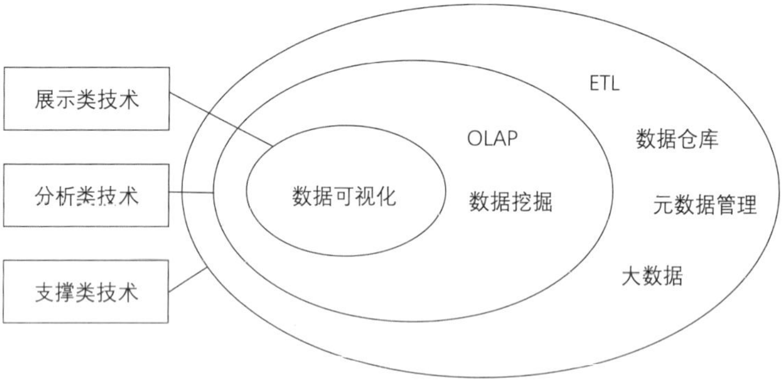

图 1-9　BI 涉及的主要技术

1. 展示类技术

最核心的 BI 技术是展示类的数据可视化技术。抛开企业数据量级区别和深度分析的需求不谈，数据可视化技术能够满足最基本的 BI 目标，即将数据转化为信息并辅助决策。数据可视化的具体形式又分为报表和可视化图表两大类，其中报表是我国大多数企业目前采用的主要数据展示形式。

数据可视化旨在借助图形化手段，清晰、有效地传达与沟通信息。其基本思想是将数据库中的每一个数据项作为单个图元素表示，大量的数据集构成数据图像，同时将数据各属性的值以多维数据的形式表示，可以从不同的维度观察数据，从而对数据进行更深入的观察和分析。例如，柱形图、折线图和饼图等一些基础的图表就可以直观地展示数据。当数据较为复杂时，可以通过复杂图表搭配多样的交互效果来将数据可视化。

2. 分析类技术

OLAP、数据挖掘等分析类技术，能够基于现有数据提供更深入的见解。数据挖掘技术需要一定数据量做支撑，而企业不是一定要等到数据量足够大时才能应用 BI，因此结合我国企业的信息化现状，数据挖掘目前并不是 BI 系统的关键技术需求。

OLAP 主要关注多维数据库和多维分析，它的目的是让分析人员能够迅速、一致、交互地从各个方面观察信息，深入理解数据。OLAP 的基本多维分析操作有钻取、切片和切块、旋转等。钻取在前面有所提及，例如从省份钻取到城市、从集团钻取到子公司等；切片和切块就是舍弃一些观察角度，在更少的维度上集中观察数据，例如企业想了解某一产品对整体利润的贡献，就可以通过切片的方式将该产品的利润数据从所有产品数据中抽离出来。旋转操作可以得到不同视角的数据，例如常见的行列交换等。

3．支撑类技术

支撑类技术包括数据仓库、ETL、大数据技术和元数据管理等，用于管理繁杂的、不断增长的企业数据，为整个 BI 系统提供持续、强有力、稳定的支撑。

数据仓库（Data Warehouse）是一个面向主题的、集成的、相对稳定的、反映历史变化的数据集合，用于支持管理决策。数据仓库的出现并不是要取代数据库，大部分数据仓库还是用关系数据库管理系统来管理的，数据库与数据仓库相辅相成，各有千秋。

ETL 是 Extract-Transform-Load 的缩写，用来描述将数据从来源端经过抽取（Extract）、交互转换（Transform）、加载（Load）至目的端的过程，它是构建数据仓库的关键环节。数据仓库主要为决策分析提供数据，所涉及的操作主要是数据的查询，所以 ETL 过程在很大程度上受企业对源数据的理解程度的影响，也就是说，从业务的角度看，数据集成非常重要。

大数据技术即收集、存储、处理、分析大数据的相关技术，例如用于文件存储的 HDFS（Hadoop 分布式文件系统）、Tachyon，用于数据离线计算的 MapReduce、Spark，用于数据查询的 Hive、Impala、Pig 等。当前大部分企业的数据都符合大数据的 5V 特征，即 Volume（大量）、Velocity（高速）、Variety（多样）、Value（低价值密度）、Veracity（真实性），而 BI 作为将数据加工成知识的有效方式，自然需要具备更多的大数据能力，以适应企业数据不断激增的现状和趋势。BI 中的大数据技术主要用于支撑企业大数据量的计算，例如 BI 结合 MPP（Massively Parallel Processor，大规模并行处理）架构的高效分布式计算模式，能够通过列存储、粗粒度索引等多项大数据处理技术提高海量数据的存储和计算效率。此外，BI 也可以架设在大数据应用层，利用 ETL 操作后或者从 Hive 过来的数据做通用类的业务分析。这样的组合结构既能满足企业对海量实时数据的分析需求，又能满足决策型的业务分析需求。

元数据（Metadata）又称中介数据、中继数据，用于描述数据属性的信息，是描述数据的数据。其使用价值主要在于识别资源、评价资源、追踪资源在使用过程中的变化，简单高效地管理大量网络化数据，实现信息资源的有效发现、查找和一体化组织，有效管理所使用的资源。由于元数据也是数据，因此可以用类似对待数据的方法在数据库中存储和获取。

1.4 BI 的价值

在 BI 的定义中，我们提到 BI 的价值在于满足企业不同人群对数据查询、分析和探索的需求，为业务和管理提供数据依据和决策支撑。但是这一说法比较宏观，你可能仍然不清楚 BI 具体能给企业管理和业务带来多大的价值。本节从具体的管理和业务场景切入，总结 BI 对不同企业角色的作用，并通过应用 BI 前后的对比，帮助你感知 BI 对于企业的价值。

1.4.1 BI 对管理和业务的价值

经过快速的发展与大量的实践，BI 已经被应用到各种各样的企业管理和业务场景中，下面我们通过一些场景实例来看看 BI 给企业管理和业务具体带来了怎样的价值。

1. BI 助力会议管理

很多企业每月都会召开经营分析会议，使用 PPT 来复盘、分析工作的完成情况。往往会出现这样的情形：花大量时间和精力制作 PPT 文稿，却无法保证其中引用的数据完全准确，并且会议结束后 PPT 无法存储到数据仓库中再利用而产生价值。

针对这一问题，某化工企业让 IT 部门将月度经营分析报表功能并入 BI 系统，并在每个会议室配备一个 iPad，此后月度经营会议只需要报告者打开 iPad，从 BI 系统中即时调取数据进行分析。这样的会议形式省时省力，也排除了人工计算的差错。会议时间从月中挪到月初，提前了 14 天。

某时装企业的领导交互屏系统，对已有业务系统数据信息进行高效分析，并将分析结果展示在领导办公室的显示屏上，让领导能直观、便捷地查看各个管理部门的财务数据指标，合理调度和配置资源。该企业旗下 500 多个店铺的库存和财务数据，都能在交互屏和移动端直接查看。业务部门每次汇报工作时可直接参照办公室内的交互屏，边汇报边操作，集中精力进行业务分析，大大缩短了查看报表、核对数据的时间。

2. BI 助力绩效分析

某电子电气企业，其 OA 软件已经上线 13 年，但企业内部并没有感受到办事效率有明显提升。有人认为是 OA 软件的原因，也有人认为是软件使用者的原因，两拨人争论不休，谁也说服不了谁，然而工作效率并没有任何起色。信息中心主动应对需求，开发出流程绩效分析报表，每天通过微信和短信推送流程执行情况的排名，并将此排名和人事部门的绩效考核关联。工具端和制度端措施双管齐下后，该企业的办事效率提高了 80%。

某化工企业的绩效考核分为三级体系，即公司级、事业部级、部门级，每月考核绩效时需要读取大量的经营数据作为计算依据，采用人工统计，耗时耗力，数据准确性得不到保证，可追溯性差。为此，该公司信息中心根据绩效考核体系设计了绩效考核相关报表，提供了便捷高效的工具。该 BI 项目实施前，每月结账后从统计考核数据、汇总数据到审批后发放工资，大概需要 15 天，员工工资到每月下旬才能发放。项目实施后，各单位在结账后很快就能出具绩效考核数据，考核人员无须再查询、汇总报表，也不再需要核对数据，每月节省人力约 40 人天，员工工资在每月 15 日左右就能发放，提前了 10 天左右，员工满意度大大提高。

3. BI 助力精益生产

某大型 LCD（Liquid Crystal Display，液晶显示器）制造企业近年来的主要战略方向是推动精益生产，在了解 BI 的价值后，开始围绕制造业精益生产的重要体现指标——OEE（Overall Equipment Effectiveness，设备综合效率）建设 BI 项目。该企业梳理了影响 OEE 指标的稼动率、良品率以及性能 TackTime（生产/需求节拍）等关键因素，对所有设备的机器状态进行标准化管理，并通过 MES（Manufacturing Execution System，制造执行系统）和 ERP 系统自动记录设备每一次符合基准的状态变更，建立一套符合各设备生产规则的良品率和 TackTime 统一算法，在 BI 系统中搭建了一套完善的 OEE 指标透明化展示体系。该 BI 项目上线后，消除了手工刷数和统计引起的工时误差，瓶颈工序的 OEE 提升至 89%，项目合计收益超过 3000 万元。

4. BI 助力资产管理

某大型建筑企业共有资产 5000 余项，以往主要通过各单位每月上报的资产台账来了解资产情况。然而每月上报的报表很难及时反映资产真实情况，比如出现设备损坏、闲置、报废等情况时，总部并不知晓，因此也就无法及时调拨闲置资产。另外，资产的盘点、调拨、维修仍然通过纸质方式登记，并未在线上留存记录，很难查询到历史数据。面对资产管理的困扰，该企业通过调研资产管理部门业务流程，开发了一套包含 PC 端和移动端的资产管理系统。

此系统的资产管理看板覆盖资产的入库、盘点、调拨、报废、维修、分析等全业务环节，上线后盘活了整个企业的资产，实现了企业资产的全生命周期管理，为企业合理配置资源提供了强有力的数据支撑。最终，企业资产利用率提高 12%，节约成本约 270 万元；资产寿命大幅增加，设备购置成本降低约 150 万元。

5. BI 助力供应链管理

缺货是每一家零售企业都很头痛的问题，特别是连锁企业。对于滞销商品（即每月销量特别低的商品），缺货带来的直接销售损失较小。但是对于畅销商品，一旦缺货就会造成非常大的销售损失。为了解决这个问题，某连锁医药零售企业，通过商品分级管理，在 ERP 系统基础资料中标注商品的缺货级别，然后对数据分类整理，并且按照区域经理、商品管理员、品类经理等维度在 BI 系统中汇总，最终通过移动端展示月度缺货率/缺货损失、当日缺货率/缺货损失等指标。这样一来，管理人员各司其职，随时关注自己管辖范围的重点缺货商品并及时补货。通过 BI 系统，重点商品缺货率由原来的 10%下降到 3.1%，一般商品缺货率由原来的 12%下降到 5.4%，月度缺货损失减少 300 万元以上。

某集团年产值近 600 亿元，每年花在辅料采购上的费用高达 30 多亿元。该集团的辅料采购主要依赖于某几个经验丰富的采购员做决策，IT 部门将他们的采购经验固化为一些 BI 分析报表，并嵌入采购系统作为参考。一年后经过统计，在销售额不断增长的情况下，采购费用反而下降了 5.1 亿元，整体采购成本得到了很好的控制。

6. BI 助力市场营销

某大型制造企业，在实施 BI 项目前，公司的营销分析主要由营销人员通过 Excel 等工具以手工方式整理数据，做成报表后上报和下发。由于数据逻辑复杂且量大，还存在统计口径不一致的问题，导致加工时间长，容易出错。于是该企业通过 BI 项目的建设，将营销分析整体迁移到 BI 系统中进行。营销分析围绕市场、客户管理分析、产品、趋势等维度，从接单、下线、发运、开票、库存、回款等订单执行环节，综合展现公司整体情况、国内外销售和出口的订单执行情况以及客户结构等，实现客户订单执行全流程可视化，支持营销人员整合全局信息，最大限度满足客户的交付要求，为销售业务及决策提供了支撑。

BI 项目实施后，通过对营销数据的分析动态显示个人绩效，组织绩效大幅提升，上半年超前完成外销任务。该企业订单交付周期缩短 2 天，风险账款下降了 30%。

1.4.2 BI 对企业不同角色的价值

按照角色的职能和对 BI 的诉求，企业中 BI 系统的用户一般可划分为管理层、业务执行层和 IT 支撑层等三类，BI 对于这三类角色的价值也有所不同。

1. 对管理层：提供管理依据，提升管理水平

企业对数据驱动决策的需求促使 BI 诞生，因而支撑管理与决策是 BI 最核心的目的。对于管理层来说，BI 的价值主要是提供管理依据，提升管理水平，即首先让管理者看到数据，然后让他们看到准确、实时的数据，再透过数据发现企业管理上问题，找到“对症”的解决方法，最后形成一定的激励机制。

传统的粗放管理模式下，企业管理者做决策时往往依靠自身经验主观判断，没有数据依据。不能说凭经验做决策的方式一无是处，但是它受人为因素的影响较大，容易为企业带来风险。在大数据时代，企业内部业务系统每天都会产生大量数据，管理层经常面临无法及时掌握企业准确的经营数据，把控 KPI、关键经营指标、财务状况及风险指标的情况，更不要说及时做出准确判断了。例如前面提到的企业经营分析会议，很多企业的会议形式主要是各部门通过 PPT 文稿做汇报，管理者发现问题后再进行讨论，想对策。这种方式的弊端在于管理者发现问题的周期比较长——开周会就是至少一周，开月会就是至少一个月，而这期间企业内部可能出现新情况，市场有新动向。并且，在发现问题后，需要更详细的项目数据进行分析时，汇报人一般很难当场提供，只能事后补充，导致问题得不到快速有效的解决。

BI 能打通企业各个业务系统数据，为管理层提供实时、准确的数据参考。由数据驱动的管理与决策方式，要求管理者根据生产经营所产生的数据做决策，进而对各个环节进行管控，具有客观、普适、全面等优点，并且管理层做出的决策能够反哺业务，形成真正的管理闭环。在保证数据实时与准确的基础上，基于数据的透明和流程化，BI 便能够促进企业 PDCA（即 Plan、Do、Check 和 Action 的首字母组合）的高效循环，并形成激励机制，提升管理水平。

2. 对业务执行层：提高业务效率，促进业务流程优化

和管理层相比，业务执行层对数据的需求更加多变和复杂。不同的业务系统数据、不同的数据维度和粒度、不同的统计口径和标准等因素都加大了业务人员对数据进行管理和应用难度。面对管理层下放的数据统计任务和部门自身的数据分析任务，业务人员经常要制作大量报表，有时候还需要寻求 IT 部门的帮助逐级取数，除

了效率低下，这种人工统计和处理数据的方式也为管理层的决策带来风险，因为数据准确性难以保证。另外，对于烦琐的业务流程，很多企业仍然采用人工拿着纸质表单跑来跑去找人签字的审批方式，既浪费业务部门的大量时间，也不利于数据的保存与追溯。

基于以上业务痛点，BI 对业务执行层的价值在于提高业务效率，促进业务流程优化。业务运营过程中涉及的大量手工报表、人工统计、逐级取数等操作，都可以由 BI 系统来完成，既能减少人为因素导致的错误，提高数据的准确性，又可以提高效率，节省时间成本。业务人员能够将更多的时间用在业务分析上，聚焦业务本身，解决业务问题，完善整个业务体系，促进业务流程和模式的优化，最终提升业务价值。

3. 对 IT 支撑层：打通数据孤岛，释放 IT 价值

IT 部门是支撑企业信息化建设和 BI 建设的主体，对于他们来说，BI 的价值主要体现在信息化建设和数字化转型等方面，具体可以从以下两个方面来看：

（1）整合多个系统的数据，打通数据孤岛，解放 IT 人员。数据孤岛是困扰很多企业的问题。企业拥有众多业务信息系统，大量数据分散在这些系统中，甚至分散在多个 Excel 文件里，而对经营情况做分析时却不可能只依赖某个业务系统或某几项数据。因此，IT 部门的大量时间和人力都消耗在提取数据和整合数据上，成为“取数机”。BI 能够收集不同数据源的数据，并进行整理、清洗、转换，然后加载到一个新的数据源中，使这些繁杂的取数工作自动化，让 IT 人员摆脱低级重复的工作。

（2）推动企业数字化转型，释放 IT 部门的价值。数字化转型的根本目的就是利用数据来推动业务增长，BI 能够充分挖掘数据价值，实现精细化运营，提升效率，可以说 BI 是数字化转型的核心。而 IT 部门通过 BI 项目的建设助力企业数字化转型，不再做“取数机”，技术能力得到充分发挥，在企业中的地位也因此而提高了。

1.4.3 企业应用 BI 前后的对比

为了更加直观地展现 BI 价值，本节通过某医药集团的产销存及成本一体化系统

建设实例帮助读者感受一下企业应用 BI 后的变化。

1. 系统建设背景

随着企业的发展和信息化建设的推进，该医药集团面临数据孤岛、系统功能重叠等问题，因此希望应用 BI 建设产销存及成本一体化系统，将复杂的业务逻辑集成到系统逻辑中，对生产、销售、库存及成本情况，实现按产品和时间维度分析，并对库存紧张的产品、成本异常数据进行警示，利用库存数据和销售计划演算产品可发天数，为制订生产计划提供直观、可靠的判断依据。

2. 系统上线前各业务模块的情况

（1）销售、生产和费用模块。ERP 系统中包含企业各产品的销售、生产和费用明细数据，在财务系统中进行一系列复杂的操作，可以得到单个产品、单时间维度下的汇总数据。因此，在生产公司的管理员手中，会保存一份各产品、各月度（年度）的 Excel 数据表，以便做关于产品的横向、纵向对比，也便于在报告文件中引用数据。由于产品众多，统计这些数据并不是一件容易的事，往往会消耗 3 个业务员 2~3 天的时间。

（2）成本模块。成本数据十分复杂，需结合生产工序的多个流程节点，对每一种物料的使用情况进行统计，再结合最终产出量计算出单个产品的成本，往往花费 3 个业务员 3~5 天，却只能得出一个大概的数值。因此，除特殊汇报外，不会安排专门人员做这方面的工作。

（3）库存模块。生产公司最关心的是一张实时的库存状态表，库存状态表涵盖了库存数据、销售数据、销售计划，对这部分数据根据业务逻辑进行处理，得出库存可发天数、待检可发天数两个重要指标。以往业务人员需要先从销售公司拿到销售计划数据，然后从 ERP 系统中导出销售和库存数据，再将这多张零散的 Excel 表手工汇总、整合，最终依据业务逻辑进行计算得出结果。一套操作流程往往需要花费 3 个业务员 1.5~2 天，导致计划的时效性大打折扣。这一项工作通常一周左右做一次，只有在库存单位反映某项产品较少，市场又需要时，才采取紧急生产措施。

3. 系统上线后各业务模块的变化

（1）销售、生产和费用模块。由 BI 系统采集 ERP 系统中各模块的数据，并结合业务人员每月填报一次的计划数据自动演算，进行多维度对比，以多种形式展现，计划数据填报完成后即刻生成相关计算结果。生成报表平均耗时 2 分钟，达到精准、高效的项目目标。

（2）成本模块。整合生产工序中各物料消耗与生产产出量，BI 系统自动演算，在每日数据更新后，当月数据根据实际情况变动，历史月度成本数据稳定不变，解决了极其复杂的计算难题，实现有数据可查、数据准确、实时性高的目标。即使浏览全部产品的成本数据，时间也不会超过 5 分钟。

（3）库存模块。BI 系统在每日凌晨收集销售和库存数据，并进行相关逻辑的演算，得出库存可发天数、待检可发天数，系统还对需要紧急生产的产品发送不同级别的预警信息，员工可以在第二天上班时查询到库存情况，根据库存情况适当调整当日的生产任务。算上计划数据的填报，报表平均查询时间缩短到 1 分钟以内，给生产计划的制订提供了准确、实时的依据，更贴合市场对产品的需求。

4. 价值总结

综合以上几点，BI 系统上线后，业务部门效率得到极大提升，如表 1-1 所示。

表 1-1　某医药集团应用 BI 前后的效率对比

模　块	上线前耗时	上线后耗时
销售、生产、费用	2~3 天（3 人）	2 分钟内
成本	3~5 天（3 人，平时没有）	5 分钟内
库存	1.5~2 天（3 人）	1 分钟内

不过 BI 给该企业带来的好处不仅仅体现在效率提升上，还体现在几个方面：

- 自动化：数据实现自动化演算，业务人员仅需录入计划数据，从繁复的数据计算工作中解放出来。
- 智能预警：对低库存产品、成本异常产品发出预警信息。

- 实时性：用实时数据替换原来的滞后数据，辅助业务流程高效运转。
- 有据可依：将原来实现起来高难度的成本报表实时展现出来。

BI 是挖掘数据价值，辅助企业决策的有力支撑，有光明的前景。本章我们对 BI 的定义和相关概念、发展前景、类型、价值，以及功能与技术等相关内容进行了介绍，希望能够帮助读者建立对 BI 较为全面的认知。接下来，我们将围绕 BI 项目的建设，介绍企业如何运用 BI 驱动决策与经营，下一章将介绍企业 BI 项目建设的一般流程和要点。

第 2 章

BI 项目建设流程

BI 对于企业的价值毋庸置疑，越来越多的企业开始建设 BI 项目，希望借此挖掘数据的价值，为决策与经营提供依据。尽管 BI 项目有大有小，但都不是能够随时启动和结束的。

通常情况下，BI 项目要经历启动、计划、实施、控制、收尾等 5 个阶段，但是在具体的实施过程中，某些环节可能会提前或者延后。企业 BI 项目的建设一般分为两种情况，自身独立开发或乙方参与，流程如图 2-1 所示。若企业 IT 部门具备独立建设 BI 项目的能力，可以选择自行建设，否则就需要引入 BI 产品供应商（厂商）或者外包项目团队。尽管两种方式在某些环节存在差异，但是几个核心环节是相同的，并且在整个过程中都需要以完善的项目管理方法为指导，遵循标准的 BI 项目规划与实施流程。

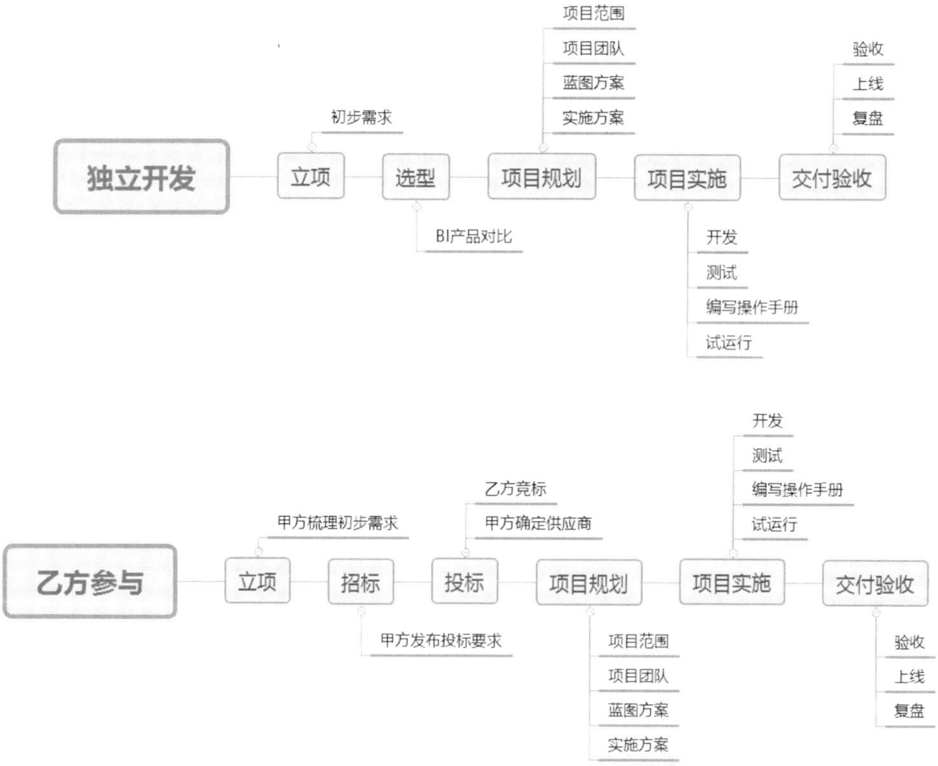

图 2-1　BI 项目的两类建设流程

本章将围绕明确需求、工具选型、项目规划与项目管理等 4 个方面，介绍 BI 项目的关键环节和建设要点，帮助企业了解如何建设 BI 项目。

2.1 收集和明确需求

BI 项目都是由企业需求驱动的，而且后续的项目方案也只有和企业的需求契合才能产生价值。通常情况下，BI 项目主要由企业信息化建设与数据应用需求驱动。项目前期的立项阶段要明确大致需求，这些需求要能支撑 BI 项目的立项和工具选型；项目正式启动阶段要弄清楚详细需求，也就是具体到业务、数据、技术等层面的需求，这关乎项目的落地。

2.1.1 大致需求与详细需求

明确大致需求，就是要弄清楚当前企业中各方人员的痛点，找到必须建设 BI 项目的理由和共识，并确定项目范围。第 1 章讲过 BI 对企业的价值，但不同行业的企业价值诉求点并不相同，因此在项目前期要注意收集和整理，多跟企业领导层、业务部门沟通，挖掘他们的关注点，弄清楚他们真正想要的是什么，再整理出项目的应用场景、功能需求、交互需求、管理需求，预估项目周期等。

BI 项目成功与否，最终要看项目完成后企业能不能将它用起来。很多企业的 BI 项目之所以失败，就是因为没想清楚需求就开始建设，导致一步错，步步错，做出来的系统并不能解决企业的问题，甚至根本用不上，领导也会质疑 IT 部门的价值和 BI 系统的意义。所以，上 BI 项目前，要准备好，瞄准目标再出发。

要大致了解 BI 系统是哪些部门用，用在哪些场景中，用了后能够带来多少价值，最好能带来企业整体业绩或者利润的提升（即有可见的、可量化的价值）。例如，企业每个月月底都要制作财务报表，一直采用的方式是财务部门从企业各个系统中取出数据，经过手工整理，然后用 Excel 汇总和制表。整个过程不但耗时耗力，还会产生很多问题，例如维度的问题、统计口径的问题、数据真实性的问题等，财务部门一到月底便苦不堪言。这个时候就可以说企业有了一个明确的 BI 应用需求，并且有可落地的场景，那么 BI 项目才有价值，能够解决实际问题。

有了大致的需求，企业明确要上 BI 项目后，就可以正式立项了，初步梳理出来的部门需求和场景可以作为工具选型时的考量因素。收集和明确详细需求是设计项目蓝图方案前的主要任务，是对大致需求的深入和细化，要具体到可执行的粒度，例如每一个业务指标的分析与展示的维度和单位等。这个过程涉及业务、技术、数据等方面，需要通过细致的需求调研来完成。

总体来看，大致需求确定 BI 项目的核心价值和边界，详细需求确定 BI 项目的落地和验收，两者相辅相成，前者指明出发的本心，后者规范前行的里程碑。

2.1.2 需求调研

收集和明确需求并非易事，尤其是挖掘需求方详细的、深层次的需求。很多企业在做需求调研时，经常由于双方对问题描述和理解上的差异，使得需求在不断传递的过程中发生较大的偏差，最终开发出来的功能与原始需求大相径庭。图 2-2 形象地描述了需求的传递偏差，业务人员说不清，技术人员不理解，导致最终的开发结果无法满足真实业务场景的需求。

图 2-2　需求的传递偏差

那么，如何才能做好需求调研，使真实业务环境中的需求准确无误地传达给最终的开发人员呢？总结起来有两点：把握好总体思路和原则，做好三个关键环节。

需求调研的总体思路是以模块为线，以整体为面，由粗到细，先整体后局部，先集团后部门。在总体思路的基础上，一个非常重要的原则就是在收集和确认需求时做到“抓痛点而不是抓痒点”。通过一层层地抓痛点，让管理层、业务人员明确其需求，也就是项目边界，IT 人员的开发就不会偏离方向。最后即便 BI 系统不能保证完美契合需求，但是核心需求得到了满足，BI 系统在企业中能用起来，项目也不算是失败的。

需求调研的三个关键环节是调研业务部门分析场景，调研数据质量，设计、确认及修改数据体系。

1. 调研业务部门分析场景

在调研业务部门分析场景前，首先要做的就是依据 BI 系统的使用者确定需要调研的业务部门，可以一次性调研所有希望用 BI 系统的业务部门，也可多次循环调研。对于需要调研的每个部门，都应指定对应的数据对接人和业务对接人，当然也可以由同一个人兼任。

具体的调研可以从三个层面展开。首先是管理层面，主要调研与企业战略相关的指标分析需求，方法是将企业战略目标层层拆解到不同的层级。例如，将战略目标拆解到某个部门后，该部门就需要通过 BI 系统分析部门的 KPI 或 OKR（Objectives and Key Results，目标与关键成果）、项目进度、部门业绩，以及人员各项指标的完成情况等。可以参考表 2-1 拆解企业战略目标，并进行分析和记录。

表 2-1　业务部门需求调研——企业战略目标拆解

企业战略目标拆解		
支撑模块		
支撑公司/部门		
支撑战略维度		部门 OKR，项目进度监控
需求场景	对应业务	分析场景所属的业务线
	统计指标	需要统计与分析的核心指标是什么

续表

	分析维度	需要通过哪些维度来分析数据，如营业部、地区、时间等
	分析粒度	数据需要细化到什么级别，如年/月/日、省/市/区
	当前分析方式	现在是否有分析流程，若有的话，当前方式是什么，耗时多久
需求数据来源		数据取自哪个系统，比如 CRM（客户关系管理）系统或者销售系统
需求预期		期望解决的问题和实现的效果（可以贴图）

其次是调研业务部门在一些日常分析场景中的需求，可以通过表 2-2 进行收集。

表 2-2 业务部门需求调研——日常分析场景

日常分析场景		
提交人		
原需求场景	对应业务	所属的业务线
	统计指标	需要统计与分析的核心指标是什么
	分析维度	需要通过哪些维度来分析数据，如营业部、地区、时间等
	分析粒度	数据需要细化到什么级别，如年/月/日、省/市/区
	当前分析方式	现在是否有分析流程，若有的话，当前方式是什么，耗时多久
需求数据来源		数据取自哪个系统（CRM 或者销售系统）
需求预期		期望解决的问题和实现的效果（可以贴图）

最后是调研业务部门的一些隐性需求，这些需求与日常分析场景不同，需要通过头脑风暴或访谈的方式去挖掘，可分别参考表 2-3 和表 2-4。

表 2-3 业务部门需求调研——隐性需求（头脑风暴）

<table>
<tr><td colspan="8">会议记录</td></tr>
<tr><td>时间</td><td colspan="7"></td></tr>
<tr><td>人员</td><td colspan="7"></td></tr>
<tr><td>议题</td><td colspan="7"></td></tr>
<tr><td colspan="8">自由讨论记录</td></tr>
<tr><td rowspan="2">提出人/部门</td><td colspan="5">需求场景</td><td rowspan="2">需求数据来源</td><td rowspan="2">需求预期</td></tr>
<tr><td>对应业务</td><td>统计指标</td><td>分析维度</td><td>分析粒度</td><td>当前分析方式及痛点</td></tr>
<tr><td></td><td></td><td></td><td></td><td></td><td></td><td></td><td></td></tr>
<tr><td></td><td></td><td></td><td></td><td></td><td></td><td></td><td></td></tr>
</table>

表 2-4　业务部门需求调研——隐性需求（访谈）

访谈表			
访谈人		访谈时间	
	当前所在业务部门的数据分析方式		
	提交给 IT 部门的是什么方面的需求？耗时情况如何		
	部门的 OKR、项目进展等日常业务是通过什么方式进行数据监控的		
业务现状	自己会分析哪方面的数据？采用什么工具？维度、指标的分析方法有哪些		
	除当前分析的内容之外，还想分析哪些内容		
	……		
业务痛点	当前分析方式带来哪些不便		

在完成这些需求调研后，可以依据场景维度指标化与数据体系化的原则，对收集的所有场景需求进行总结。例如，某时尚企业的 BI 项目团队对各个业务部门进行需求调研后，根据类型、需求指标、指标定义和公式、数据粒度商品/渠道、数据频度、数据来源等维度，将需求总结为如图 2-3 所示的 Excel 表格，并且在场景维度指标化的基础上，对数据表进行梳理，最终形成企业的数据指标体系。

分析板块	类型	编号	需求指标	指标定义和公式	数据粒度商品	数据粒度渠道	数据频度
	通用		占比分析			店铺、客户、大区、片区、渠道、等	
	通用		同比分析	本期／去年同期		店铺、客户、大区、片区、渠道、等	
	通用		环比分析	本期／上一期		店铺、客户、大区、片区、渠道、等	
	通用		SPU数	分级别物料级统计个数		店铺、客户、大区、片区、渠道、等	
	通用		SKC数	分级别物料到色统计个数		店铺、客户、大区、片区、渠道、等	
	通用		SKU数	分级别物料到款统计个数		店铺、客户、大区、片区、渠道、等	
	通用		TOP排名	前N排名		店铺、客户、大区、片区、渠道、等	
	出库		指标额	出库指标		客户、大区、片区、渠道、等	
	出库		数量	大仓实际出库量		客户、大区、片区、渠道、等	
	出库		成本金额	大仓实际出库		客户、大区、片区、渠道、等	
	出库		返利前金额	大仓实际出库		客户、大区、片区、渠道、等	
	出库		返利后金额	大仓实际出库		客户、大区、片区、渠道、等	
	出库		折扣率	大仓实际出库		客户、大区、片区、渠道、等	
	出库		毛利率	返利后金额－成本金额／成本金额		客户、大区、片区、渠道、等	
	出库		退货率	退货量／出库数量		客户、大区、片区、渠道、等	
	出库		贡献率	占比情况		客户、大区、片区、渠道、等	
	出库		达成率	实际出库金额／指标金额		客户、大区、片区、渠道、等	
	销售		零售指标额	门店零售指标		店铺、客户、大区、片区、渠道	年季月周日
	销售		零售数量	实际零售数量		店铺、客户、大区、片区、渠道、等	年季月周日
	销售		零售金额	实际零售金额		店铺、客户、大区、片区、渠道、等	年季月周日
	销售		零售达标率	零售金额/零售指标额		店铺、客户、大区、片区、渠道、等	年季月周日
	销售		吊牌价	产品主数据定义		店铺、客户、大区、片区、渠道、等	年季月周日
	销售		吊牌额	零售数量*吊牌价		店铺、客户、大区、片区、渠道、等	年季月周日
	销售		折扣率	零售实际折扣		店铺、客户、大区、片区、渠道、等	年季月周日
	销售		经销价	产品主数据定义		店铺、客户、大区、片区、渠道、等	年季月周日
	销售		经销额	零售数量*经销价		店铺、客户、大区、片区、渠道、等	年季月周日
	销售		毛利额	（零售金额-经销金额）		店铺、客户、大区、片区、渠道、等	年季月周日
	销售		毛利率	（零售金额-经销金额）/经销金额		店铺、客户、大区、片区、渠道、等	年季月周日

图 2-3　某时尚企业业务部门需求总结示例

2. 调研数据质量

企业中的数据按来源主要分为业务系统数据、手工数据、外部数据等。对数据质量的调研也从这三个来源展开，本质是梳理企业已有的数据。

对业务系统数据进行调研时，项目团队需要明确各业务系统对接人，获取相关数据接口和数据字典，若无法获取则需要协商，制订应对策略。对于手工数据，项目团队可先行收集历史手工数据资料，此项工作可与业务部门的需求调研同步进行。对于外部数据，可参考业务系统数据的调研方式，重点关注数据的可获取性和使用场景。

需要注意的是，在调研数据质量阶段，需要清晰地定义组织架构、用户及权限体系等项目的核心架构数据。其中，权限不仅包括模块功能权限，还包括数据权限，即不同的用户、角色能够看到哪些数据，例如城市销售经理能够看到所负责城市的销售数据，区域销售经理则能够看到所负责区域的销售数据等。

3. 设计、确认及修改数据体系

设计数据体系时主要考虑原始表和基础宽表两个层级，结合之前调研时所考虑的数据使用要求的最小粒度，以及分析中可能用到的维度、指标，尽可能做到对分析场景的全覆盖，满足各类数据粒度要求。

对数据体系的确认和修改主要包括数据维度、指标、粒度的增/删/改，字段含义及逻辑口径统一。完成确认和修改之后，项目团队还需要输出需求调研确认书，得到项目领导委员会和各个团队认可后方可进入下一阶段。

2.2 选择合适的 BI 工具

工欲善其事，必先利其器。BI 工具是 BI 项目的核心，选对工具，BI 项目就成功了一半。面对市场上鱼龙混杂的 BI 工具，不少企业眼花缭乱，无从下手。其实，BI 工具选型说简单也简单，根本的原则就是两个字：合适。

不同的企业在所属行业、具体业务、发展和管理水平、信息化水平、人员技术背景等方面都存在非常大的差异，照搬照抄别人的答案并不能解决问题。企业必须“量体裁衣”，找到最适合自己的 BI 工具。采用技术太过前沿的 BI 工具，如果没有落地场景，这些工具最终将变成 IT 部门的成本，而技术落后的 BI 工具很快就会过时，对企业发展也有很大的制约。因此，在 BI 工具选型时须慎重，走中庸之道，不保守、不激进，不盲目追求新技术。所选的工具不仅当下能发挥作用，而且在一段时间内其技术不至于过时。既关注工具本身，也要考虑企业自身实力。从场景出发选择 BI 工具，必将带来不错的回报。

2.2.1 BI 工具选型要素

具体而言，关于 BI 工具选型要素，企业需要考虑的不外乎易用性、稳定性、功能、采购成本、BI 厂商的能力等几点。图 2-4 所示为帆软数据应用研究院的调研数据，可以看到企业在选择 BI 工具时，最关注的是 BI 工具是否高效、易用和便捷（69.10%的受访企业看重这一点）。而 Gartner 在 *Survey Analysis: Key Selection Criteria for Business Intelligence and Analytics Platforms* 报告中指出，工具的易用性对企业获取商业价值也是排在第一位的影响要素。从图 2-4 来看，企业对于 BI 工具的功能与稳定性的关注，比例相近，是选型时考虑的第二大要素。而采购成本并不是企业选择 BI 工具时的主要考虑因素。另外，近三分之一的企业（占比为 31.2%）看重厂商所提供的服务支持和学习资源，说明企业认识到 BI 工具附带的服务和学习资源在项目的运维与开发中有着至关重要的影响。

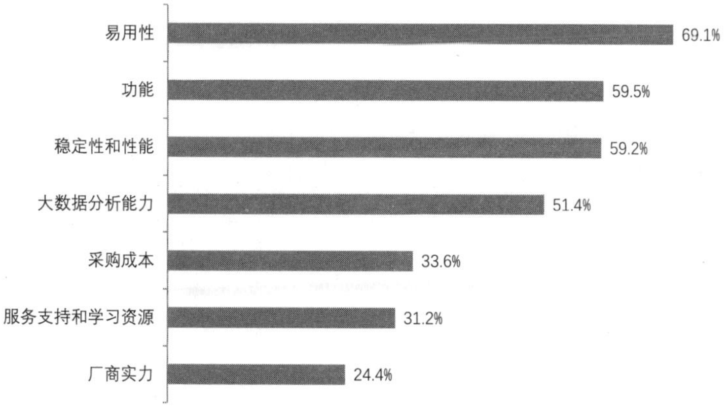

图 2-4　企业选择 BI 工具时的参考因素

1. 易用性

易用性决定 BI 平台的整体使用体验，是影响用户持续使用的首要因素。具体来说，BI 工具的易用性主要体现在上手难度、交互体验、学习资源丰富度等方面。

很多 BI 工具都有“零编码设计”的理念，目的是最大限度地降低用户的上手难度，能用可视化界面实现的操作，坚决不写代码，能用鼠标拖、拉、拽操作实现的分析，坚决不用函数，大大降低了学习门槛和成本。

由于使用 BI 平台的人员职能各有不同，各方面素质也有不小差别，因此对于不同的使用对象，BI 平台的交互体验是否足够好，是否能满足他们的需求就非常重要。例如，开发者是否能快速建立数据模型，做好数据预处理；业务人员是否能在无技术基础的情况下快速进行自助分析，洞察业务问题；平台管理员是否能够迅速建立完善的权限体系，方便地管理整个平台，如对角色的管理，对组织架构的管理，对权限的管理，对分析模板的管理等。

最后是学习资源的丰富程度。与手机等不需要说明书即可操作的工具来说，BI 工具还达不到这种易用境界，毕竟它更多时候被用于开发。如同 Excel 一样，要想成为 BI 工具高手，实现更深入的数据分析，还是需要学习的。所以，易用性还要求 BI 工具为用户的学习提供方便，也就是提供多种多样的学习资源，例如帮助文档、教学视频、技术方案、问答等。这些附加内容帮助用户在快速入门后进一步提升对 BI 工具的应用能力，也为企业创造更多的数据应用价值。

2. 性能

BI 工具的性能决定 BI 平台的运行速度与运行质量，不仅要快，还要稳定。大数据时代，企业数据的量级不可同日而语，能支撑大数据也是对 BI 平台的关键要求。大部分公司会通过 Hadoop、Spark 等大数据架构，配以 BI 工具做数据层面的分析，搭建一整套大数据分析平台。大数据分析很关键的一点便在于性能：取数快，分析响应快，能实时处理数据。这些性能特征除了与平台的底层技术架构相关，与 BI 工具的性能也有很大关系。

很多人可能认为 BI 工具就是一个数据展现工具，从前端看起来没有什么技术含量，但其实 BI 工具的前端展示功能只是冰山一角，其背后的逻辑十分复杂，实现难度也很大。好的 BI 工具都有与之搭配的数据引擎，其作用一方面是提升数据响应的性能，例如大数据量下的快速计算；另一方面是根据不同的数据量级和类型，灵活地调整计算模式和方案，比如对小数据快速读取，对大数据进行分布式并行运算，对节点数据实时展现等。例如 FineBI 的 Spider 引擎之所以能做到亿级数据秒级展现，是因为其配备的不同策略和高性能算法能够灵活高效地支撑前端的高性能分析。

BI 工具还要保证稳定性，频繁宕机和故障对企业来说是难以承受的。曾有企业采购某厂商的 BI 工具后，因为频繁宕机而使得企业的整个 IT 环境都受到影响，最终不得不撤出采用了该产品的系统，不敢再部署到生产环境中。最后的解决方案也只能是更换 BI 工具，所以稳定性也是 BI 工具选型时必须考虑的性能特征。

3. 功能

BI 工具的功能众多，不同企业的需求也不同，但是有几个核心功能是必须具备的，包括数据准备、数据处理、数据分析与可视化、平台管控、场景需求转换等。总体来看，考虑 BI 工具的功能时，一定要符合强大、灵活、易用、安全、可视化程度高的特点。

（1）数据准备。数据准备是指将原始数据读取到 BI 平台并进行基础的管理和建模，为后续的分析奠定基础，具体包括数据存取/连接、数据管理等环节。

BI 工具要允许用户连接到本地和云上各种类型存储平台中的结构化和非结构化数据。主流 BI 工具都支持将数据存储到本地服务器，以提高 BI 平台访问性能和数据安全性，减小对业务系统实时直连抽取数据的压力，避免因数据提取而导致业务系统宕机。同时，BI 工具也提供直连数据库和数据仓库的功能备用。表 2-5 给出了 BI 工具需要支持的主流数据类型。

表 2-5　BI 工具需要支持的主流数据类型

类　型	常见数据库/数据文件格式
大数据平台	Apache Kylin、华为 FusionInsight、华为 DWS、Apache Impala、Hadoop Hive、Spark、Amazon Redshift、Presto 等
传统关系数据库	Oracle、DB2、SQL Server、MySQL、Informix 等
分析型数据库	Vertica、Greenplum、SAP HANA、阿里云 ADS 等
NoSQL 数据库	MongoDB
多维数据库	BW、SSAS、Essbase
文件数据源	Excel 文件（.xls/.xlsx）、纯文本文件（.txt）、逗号分隔值文件（.csv）、XML 文件（.xml）
程序数据源	Java API、Hibernate 数据源，支持 Web Service、SOA 等标准的数据

除了存储和连接数据外，某些企业还有补录数据的需求，因此部分 BI 工具也提供了数据填报功能，允许企业录入业务系统之外的数据。

BI 工具也常以业务包的形式对数据进行管理，使用户可以根据不同的业务包主题对数据分类，提供数据相关的各种信息。用户可以通过血缘分析、更新信息等内容和关联建模等操作，更好地了解和管理自己所拥有的数据。

（2）数据处理。在企业中，分析人员对于数据处理的需求灵活多变，并且经常需要对不同业务系统的数据根据相同的维度或者属性进行关联分析，IT 部门提供的对数据的基本处理功能和基本的关联关系并不能完全满足需求。

例如，分析人员要根据公司产品销售明细数据分析用户的特征，并调整相应的销售策略。这个时候就需要基于销售清单数据，计算相应的分析指标，比如每个用户的消费频次、单笔消费最大金额、最近两次消费的时间间隔。这就要求 BI 工具提供数据处理功能（例如新增列、分组统计、过滤、排序、上下合并、左右合并等），使用户能以极低的学习成本将数据处理成自己需要的结果，也让 IT 部门更专注于准备基础数据的工作，将数据分析与处理的任务交给更熟悉业务的分析人员。帆软自助式 BI 工具 FineBI 创新地提出了“自助数据集”的概念（即用户用于自行处理数据的数据集），业务分析人员只需要点击“选取数据表和字段”菜单项，执行对应的操作，就能处理基础数据表，得到后续进行可视化分析所需的数据集。

（3）数据分析与可视化。BI 中的数据分析与可视化有多种需求类别，例如可视化探索分析、制作仪表板、制作固定报表等。

其中，可视化探索分析需要面向分析人员，让他们能够以最直观快速的方式，了解自己的数据，发现其中的问题。用户只需要进行简单的拖曳操作，选择需要分析的字段，几秒内就可以看到想要的数据，通过层级的收起和展开，下钻上卷，可以迅速了解数据的汇总情况。这对 BI 工具的多维分析和可视化图表等功能有非常高的要求。

仪表板的目的在于让用户将多个分析内容组合成一个展示面板或者报告，并基于面板监测关键指标，定期汇报工作，将用户从手工处理 Excel 文件、制作 PPT 文稿中解放出来。因此，用户利用仪表板应该可以随时通过筛选器过滤数据，可以通过组件联动功能实现关联分析，还可以通过跳转功能将多个仪表板组合成一个更大的分析主题等。此外，作为展现数据主题的容器，仪表板还应提供自适应布局、主题颜色与样式配置、丰富的组件样式等，让用户可更好地展示和表达数据分析的思路和结果。

对于固定报表，BI 工具需要提供不同表格样式和复杂格式的设计能力。

（4）平台管控。在所有的功能之上，依靠 BI 工具的平台管控功能，企业可以建成数据分析体系，方便地管理仪表板与用户，以及对系统进行个性化设置，进而支持各种业务主题分析。具体来说，平台管控需要为用户提供统一访问、集中管理、分类维护三大功能。

- 统一访问：提供统一的应用访问门户，通过对用户角色和权限的控制，使不同角色的用户能够通过一个门户系统看到符合自身需求的仪表板视图，使用仪表板功能。
- 集中管理：对于数据决策系统中的系统资源、系统配置、监控日志、用户、权限、仪表板模板、定时调度等内容提供统一的管理环境，方便用户日常管理。

- 分类维护：在整合和规范仪表板数据的基础上，为不同类型仪表板提供对应的开发手段，采取统一的仪表板模板化定制和发布方案，简化其维护工作，降低此项工作对 IT 人员的依赖。

（5）场景需求转换。除了 PC 端应用以外，不少企业还会有数据大屏、移动端应用等场景需求。因此，BI 工具要具备场景需求转换的能力，在不同的终端场景中有较好的自适应性和稳定性，以满足不同人群、环境和场景下的多样化需求。

4．采购成本

BI 工具选型通常会受到财务预算的限制，因而采购成本也是不少企业在选型时重点考虑的因素。然而，对采购成本的控制不等于简单的报价和还价，价低者为最佳，还包含对很多隐性因素的考量。企业需要格外注意两点：一是综合考虑各项成本，二是学会用 ROI（Return On Investment，投资回报率）模型量化价值。

每个企业都想花最少的钱买到最好的 BI 工具，然而很多企业忽略了总成本领先原则，并没有对成本进行综合考虑，而仅看到显性的采购成本。这样很容易导致虽然采购时省了不少钱，但最后加上其他隐性项目反而成本更高。这里需要提醒的是，企业采购和应用 BI 工具（产品）的成本通常包括：许可证的购买成本（初始的采购成本，年费模式下还包括续费成本）、实施成本（初始的实施成本和持续的运维成本）、厂商服务费用（产品升级与技术支持费用），以及产品的学习和使用成本等。在满足需求的前提下，企业在选型时不能局限于绝对的低许可证成本，而是要综合考虑，追求相对的总成本领先。“节约下来的成本都是纯利润”，采用总成本领先的选型评估方式，企业才能真正做到既省钱又省心。

这里举一个关于 BI 工具选型的反面例子。某金融机构计划搭建业务自助分析平台，在完成前期方案交流、POC（Proof of Concept，概念验证）测试之后，计划购买包括 BI 工具在内的多套工具，同时项目周期预计为 10 人月（10 位项目成员工作 1 个月），并准备投入近百万元的预算。在最后的投标环节，因为遵循价低者得的原则，某 BI 厂商给出的 8 万元方案中标。该金融机构当时觉得性价比非常高，但是等到项目启动时，BI 厂商一开始承诺提供给企业的人员质量、工具功能等均无法兑现。最终，该金融机构支付首款后便终止与这家厂商的合作，项目夭折，等待后续重新启动。从这个案例可以看到，该金融机构陷入了低价陷阱，“赔了夫人又折兵”，既浪费了财力，又影响了项目进度。这样的结局，也就谈不上节约成本了。

Gartner 在 *Survey Analysis: Customers Rate Their Business Intelligence Platform Ownership Cost* 报告中的分析结果也体现了总成本领先原则在 BI 工具选型中的必要性。报告指出，随着时间的推移，低许可证费用并不意味着较低的 BI 平台持有成本，也并不一定能带来更高的商业收益。报告还发现，由于许可证费用低而被广泛采购的开源平台，反而因较高的 IT 全时当量（Full-Time-Equivalent，FTE）费用，平均每个用户的 BI 平台三年持有成本却是最高的。因此，Gartner 在报告中对 BI 工具采购成本的评估给出了以下几点建议：

- 评估 BI 厂商时，要从功能需求、使用其产品后获得的商业收益和潜在业务收益等方面综合考虑成本。
- 不要只关注初始价格谈判，还要关注 BI 工具部署规模增长所带来的增量定价成本，以及随时间推移而增加的 BI 平台维护成本。
- 在考虑从一个价格较高的 BI 工具转移到一个总成本较低的工具时，要评估转换成本。

综合考虑成本就一定能选到高性价比的 BI 工具吗？答案是不一定。为什么这么说，因为综合考虑成本只能让企业花较少的钱，但并不一定保证能为企业带来更大的价值。这时就需要采用 ROI 模型来衡量了。ROI 理解起来非常简单，就是指投资回报率，或者投入产出比，用预测的量化价值除以成本即可得到。这里的量化价值除了节省的人力成本等显性经济收益外，还包含一些隐性的管理收益，例如效率提升、职能转变、员工能动性增加等。相对于只看成本，ROI 模型则更加科学，如果 ROI 较高，那么 BI 工具也就选对了。

不过话说回来，企业的投入也不是没有限度的。在有限的投入下，综合考虑采购成本，并以 ROI 模型量化 BI 工具的产出价值，能够帮助企业弄清楚自身到底需要什么样的 BI 工具。如果有较高的 ROI，适当增加采购预算也不失为正确的选择。

5. BI 厂商的能力

除了前面列出的工具相关要素外，BI 厂商的能力也是选型时需要考虑的重要方面。毕竟从某种意义上来说，BI 厂商的能力决定着 BI 工具的优劣。在厂商层面，主要考虑品牌、服务和解决方案三个要素。

（1）品牌。品牌是 BI 厂商整体实力、市场占有率、用户认可度和口碑的综合体现，无论买什么，选头部品牌总没错。在 B2B 领域，品牌就是厂商的形象。关于 BI 厂商品牌的评估，可以先看厂商的运营方式，比如是一站式服务还是组合式服务，再看厂商的经验和积累的口碑，比如是否有众多的成功案例，是否给企业客户带来了很大的价值。

（2）服务。很多人都将关注重点放在 BI 产品的能力上，而忽视了 BI 厂商服务的重要性。其实，一旦 BI 产品在使用中出现问题，如果厂商无法提供服务，企业就需要再投入成本进行后期维护，这项工作极其困难而繁重。因此，在选型时要充分考虑厂商是否提供本地化服务，是否能快速响应，是否有完善的问题解决机制等，并且还要考虑对于企业一些特定的需求，厂商是否能提供服务支持对 BI 产品的二次开发。

（3）解决方案。解决方案也是 BI 厂商能力的一个重要表现，是否拥有具体行业的解决方案反映出厂商对该行业的 BI 应用是否积累了丰富经验，对行业特点是否有较为透彻的了解。完备的行业解决方案能够帮助企业精准定位业务问题，对症下药，得到的效果自然也就更好。

将以上选型要素作为指标，可以制作成一张 BI 工具选型评分表，如表 2-6 所示。企业在选型时针对每个指标项，考虑 BI 工具的优势、劣势以及需要进一步了解的情况，根据评估维度打分后再按照权重计算总分。当然，企业也可以根据自身的选型需求对表格进行调整。

表 2-6　BI 工具选型评分表

比较项		优势	劣势	需要进一步了解的情况	得分	权重
易用性	上手难度					
	交互体验					
	学习资源丰富度					
性能	速度/支持的数据量级					
	稳定性					
功能	数据准备					
	数据填报					
	数据处理					
	数据分析与可视化					
	平台管控					
	需求场景切换					
采购成本	综合成本					
	ROI					
厂商能力	品牌					
	服务					
	解决方案					

除了前面提到的各项选型要素外，宏观经济环境对 BI 市场也有较大的影响，这也是在 BI 工具选型时需要纳入考虑范围的因素。

尽管早期国内 BI 市场被大量国外产品所占据，但是随着我国大数据产业迅速发展，政府出台各项扶持政策，大量创新企业迎来发展机遇，国产 BI 工具也崭露头角。IDC《2019 年下半年中国商业智能软件市场数据跟踪报告》显示，国内 BI 厂商帆软超越 SAP、Microsoft、IBM、SAS 等众多国际巨头，以 16.3%的市场占有率位列第一。国内 BI 厂商在本地化服务和落地能力上具有优势：更了解国内企业经营的痛点；提供的项目实施、技术支持、学习与培训等本地化服务也更贴心，并且项目实施后的运维更加方便；BI 上下游的不同国产软件企业间还互相提供了接口进行融合等。可以预见，在大量利好政策和创新土壤的孕育下，国内市场将出现更多国产 BI 产品，与国外产品共同竞争，而国内优秀的 BI 产品将受到更多关注。

2.2.2 企业 BI 工具选型案例

BI 工具选型要素那么多，一方面需要控制成本，而另一方面 BI 工具各有所长，企业在选型时不可能所有需求都照顾到，只能根据自身核心需求来权衡，做出最合适的选择。下面我们介绍两家企业的 BI 工具选型案例，看看他们是如何提炼需求并确定主要选型要素的。

案例一：某三甲医院

随着业务的发展和智能手机的普及，该医院的临床和管理部门对于报表的多维度展示、数据钻取及移动端支持的需求越发明显，而医院的计算机中心也一直缺乏有效手段来满足这些需求。经过两周的调研，该医院发现四大问题尤为突出：

- 业务经营数据都是用明细表格展现的，难以一目了然，缺乏丰富的可视化图表。
- 业务报表不能在移动端展示，但院内工作人员对在移动端看报表、做分析的需求十分强烈。
- 数据有断层，无法进行关联和钻取。
- 缺乏动态的可视化大屏，院内通知靠广播，交互靠电话，效率太低。

而且，医院高层还规划了建设数字医院、智慧医院的长远目标，需要利用数据中心的资源分析科研、运维等工作的开展情况，但缺乏现代化的数据分析展示工具。

根据上述需求，医院最终提炼出易用性、展现能力、移动端支持、价格等四个评价指标用于 BI 工具选型。

（1）易用性。医院业务变化快，患者和医务人员的新需求较多，只有易用的工具才能进行高效的开发。

（2）展现能力强大。医院高层明确提出要放弃现有的简陋表格形式，采用有更多图表和交互效果的系统，还要满足现在和未来五年的业务需求，有强大的数据展现能力。

（3）100%支持移动端。BI 工具要支持原生 App、App 集成和微信公众号集成。医院有自己的企业微信号，日常办公均能通过企业微信完成，所以新的数据分析平台必须集成到微信端。如果不能和微信集成，那么信息的推送实现起来就比较麻烦，将来就有可能限制数据分析平台的应用。同时，医院还有自己的 App，App 集成功能也必不可少。

（4）价格合理。BI 工具和厂商服务的最终价格要在医院年度预算范围内，并且整体方案要能带来最大的潜在收益。

案例二：某大型汽车制造企业

该企业的信息化建设已经非常成熟，有高效的协同办公系统、资源管理系统、生产工艺系统、生产协同系统、营销管理系统、质量管理系统、用户体验调研系统等，要在这些系统的基础上建设 BI 系统。企业的战略规划要求 BI 系统能够驱动生产和运营，其他业务部门对 BI 系统也抱有很大的期望，该企业为此建立了多重选型指标，并按重要程度逐级排序，主要指标包括以下四点：

（1）软件学习成本。如果学习成本太高，项目进度会严重滞后，因此该企业要求 BI 工具一定是容易学习、能快速上手的。在选型时，IT 部门会对各类 BI 工具进行测试，将学习成本低的工具挑选出来，再由 CIO 做进一步的选择。

（2）功能。为了响应企业的战略规划，BI 工具必须能对接及整合现有的业务系统，同时支持后续的扩展。BI 工具必须支持数据采集、移动应用、数据大屏，以及多样的表格与图形等功能。

（3）BI 厂商的技术服务能力。该企业根据多年的信息化建设经验，认为在 IT 项目中，软件工具本身对项目成功的贡献不足 40%，而软件厂商的技术服务能力才是项目成功的关键。因此，该企业对 BI 厂商的技术服务能力也特别重视，例如最好有一对一的人工技术支持、繁荣的生态圈论坛、专题文档和视频等。

（4）部署和运维成本。企业的业务发展很快，希望员工能更专注工作上的创新，节约部署和运维 BI 系统的人力成本。因此，部署是否快速便捷，运维成本是否较低也是该企业考虑的重点指标之一。

尽管两家企业评价 BI 工具的主要参考指标不完全相同，但是可以看到这些指标都是由企业现状衍生出的需求所决定的，这也印证了我们在 2.2 节开头提到的，BI 工具选型根本的原则就是合适。不管什么样的 BI 工具，适合企业的、能切实解决企业问题的就是好的 BI 工具。

2.3 做好项目规划与实施方案

项目规划和实施方案是保障项目落地的首要环节。好的项目规划能有效提升开发人效，缩短项目周期，实现项目预期目标。做项目规划时，要杜绝"一口气吃成一个胖子"的心态，应该先易后难，稳扎稳打。图 2-5 所示的某银行决策体系的项目规划，就是从提供基础数据，到业务应用，再到决策支持体系建设，最终达到价值链管理的目的。项目的一期便只聚焦高效上报/填报、数据自动化处理、主数据搭建、快速展现报表等需求。这就是很明智的，能有效控制项目风险。

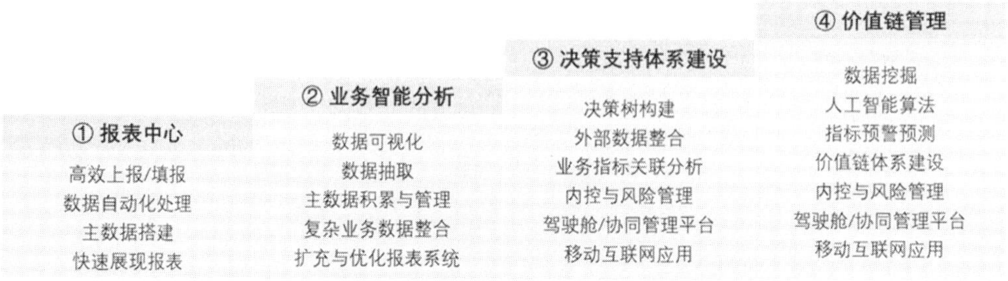

图 2-5　某银行决策体系的项目规划

围绕项目规划，企业需要确定三件事：做什么、谁来做，以及怎么做。下面我们一一展开来谈。

2.3.1 做什么：确定项目范围

项目规划的第一步是根据项目需求和目的确定项目范围，这时在项目初期收集和明确的需求就派上用场了。对于项目管理者而言，只清楚项目范围的含义是不够的，最重要的是正确、清楚地定义项目范围。如果项目范围划分得不够明确，会直接导致项目内容意外变更，有可能造成项目最终成本提高、进度严重延迟、偏离原定目标，以及影响整个项目发展和项目团队成员积极性等不良后果。具体来说，项目范围包括组织、功能、业务、数据、接口等 5 个方面的范围。

（1）组织范围框定的是实施项目的主体，企业需要明确当期项目是否只需要在总部实施还是要在总部和所有子公司都实施，实施的内容又涉及哪些业务部门。

（2）功能范围指 BI 项目所包含的功能模块及具体功能，如表 2-7 所示。IT 开发人员可以根据功能范围提前学习和掌握 BI 工具，在做开发时更有针对性、更高效。

表 2-7　BI 项目功能范围示例

编　　号	模　　块	模块功能
1	基础模块	多 Sheet 报表设计
		参数查询
		模板权限集成
		打印/导出
		远程设计
		图表高级交互
2	仪表盘	决策报表模式
		聚合报表模式
		数据分析
4	门户	决策平台
		定时调度
		智能运维
		集团权限控制
		短信平台
5	高级图表	地图
6	移动端	移动决策平台
		移动 BI 可视化
		App 打包
7	扩展功能	二次开发
		集成插件

（3）业务范围描述企业需要通过 BI 系统实现的日常业务处理和分析任务，主要对业务模块、分析应用、分析维度、分析形式等内容进行定义。

（4）数据范围包括数据源范围和数据关联规则等，其中数据源范围不仅描述数据来自哪里，还包括对源数据的理解、源数据质量保障、数据抽取等。表 2-8 给出了确定数据源范围的示例。

表 2-8　确定数据源范围

数据源	简　介	覆盖业务	数据字典提供	源数据质量保障	数据抽取处理
XXXX 系统	人事系统	人事	XX 公司	XX 公司	供应商
XXXX 系统	生产系统	生产	XX 公司	XX 公司	供应商
XXXX 系统	运营系统	运营	XX 公司	XX 公司	供应商
XXXX 系统	会员系统	会员	XX 公司	XX 公司	供应商
填报	采用填报方式录入财务数据	财务	供应商	供应商	供应商
主数据系统	XX 提供的主数据模块	—	供应商	供应商	供应商

（5）接口范围则考虑 BI 系统是否需要嵌入企业的其他信息系统，并实现单点登录等功能，如果需要，还应明确系统接口方式，例如由谁提供，谁设计，谁开发等。

2.3.2　谁来做：组建项目团队

项目团队是企业 BI 项目建设过程中的“大脑”，分工明确、配合有序的项目团队是项目成功的关键。由于 BI 项目的建设涉及企业内部多个部门，需要高层管理者与业务部门的认同及参与，因此项目团队通常以几位企业高层管理者为核心，设立项目领导委员会来统筹整个项目，其他成员则由企业 IT 部门负责人牵头，与各部门对接人一起，设立不同的小组，全程参与 BI 项目的规划与实施。

项目团队的角色分为团队领导者、业务精通者、方案设计者、技术落地者等 4 类。每一类角色又可以进一步细分，例如技术落地者可以包括数据仓库（简称数仓）开发团队与应用开发团队等。具体的角色以及对应职责可以参考表 2-9。如果企业采用引入 BI 厂商或者外包商的方式来建设 BI 项目，就需要根据企业、BI 厂商或外包商的实际情况来组建项目团队。不过需要注意的是，项目领导委员会都需要企业自己派遣成员设立，以保证对项目的整体把控。

表 2-9　BI 项目团队中的不同角色

角　色	职　　责	成　　员
项目领导委员会	项目最高领导团队，负责指导项目方向，进行关键决策，确保项目在企业内的权威性	可由 CEO、分管信息化的 VP 或对应业务口的 VP 组成
顾问团队	负责 BI 系统架构、需求规划、流程规划的全过程技术与业务指导	CIO/CTO、系统架构师、业务总监、行业咨询顾问
项目经理	定义、计划、协调、控制和检查所有的项目活动，跟踪和报告进度，解决技术和业务问题，指导团队成员跟 BI 厂商、业务人员、项目发起者谈判等	项目经理
数据管理团队	负责设计与监控项目所需要的数据库环境、制定数据标准、分析数据质量	数据库管理员、元数据管理员、数据质量/安全管理员
数仓开发团队	负责数据仓库建设过程中的 ETL 开发、主题维度建模等	ETL 工程师、数据建模工程师
业务分析团队	参与业务维度模型的开发，提供数据定义，写测试案例，定义业务需求，在业务人员和 IT 人员之间架起沟通的桥梁	业务需求分析师、业务代表
应用开发团队	负责前端报表和查询的开发，以及数据分析和挖掘	报表/BI 工程师、数据挖掘专家
质量管控团队	负责过程改进和质量保证，负责系统开发、交付、上线各个环节的测试任务	QA 工程师、测试工程师
培训支持团队	编写和发布培训材料，为关键用户提供培训和技术支持	技术支持、解决方案推广师

2.3.3　怎么做：设计实施方案

项目实施方案是在项目开展后为规范项目开展过程而制定的指导性方案，它定义了项目的进度安排、业务和技术方案、关键产出、交付标准及各环节中可能需要的管控措施等，是项目实施过程的行动指南。总结起来，项目实施方案中应包括 3 项主要内容，即项目计划、蓝图方案和项目管理方法。

1. 项目计划

项目计划是对项目进度的安排，即什么时候做什么或完成什么，主要包括里程碑计划、主计划和详细计划。这三个计划逐层细化项目工作并检验各项任务的完成情况，控制项目的进展，保证总目标的实现。其中，里程碑计划处于最高地位，核心是找准里程碑。一般情况下，BI 项目的里程碑计划如表 2-10 所示。

表 2-10　BI 项目里程碑计划示例

项目阶段	立项	蓝图	实施	试运行	初验	终验
计划时间						

2. 蓝图方案

前文提到，企业建设 BI 项目时需要收集和明确详细需求，蓝图方案是经过详细调研后拟定的具有实际指导意义的文档，可以将它理解为更具体的解决方案，即将解决方案中的各类框架细化到可设计、可执行的粒度。对蓝图方案有两大要求，即可行性与全面性。

可行性指蓝图方案的整体设计符合企业业务发展的需要，不能过于理想化，要考虑实施的难度。全面性则指项目团队不能局限于单个模块，而要在项目实施范围内解决企业的关键问题，并且考虑系统后续的可扩展性。

项目的蓝图方案一般包括 3 个部分，即整体方案、系统环境方案和详细方案。

（1）整体方案包括业务、技术和数据三个方面。业务方案主要是基于业务需求分析结果，设计业务分析模型，例如财务和人力等部门的分析体系、美工特色、报表权限体系等，可直接提供业务系统原型供企业参考。一般的业务方案为：首先准备数据源接口；再到数据处理层，搭建基础数据平台和业务分析平台，梳理各个业务板块的内容；最后，搭建决策管理平台，通过报表、驾驶舱、移动端、大屏等多种方式展示数据，达到最终目标——信息共享、信息对称。图 2-6 为某地产集团 BI 项目蓝图方案中的业务方案。

技术方案是支撑业务分析的整体技术框架，包括特殊技术预演结果、相关代码整合等内容。BI 项目的技术架构一般如图 2-7 所示。首先，利用 ETL 工具抽取业务系统的明细数据，进行数据转换之后，载入企业数据仓库。接着，在数据仓库的基础上形成数据集市，用于企业不同主题业务数据的整合分析。最后，利用 BI 工具在不同门户与终端上实现仪表板、固定报表、自助分析等功能。

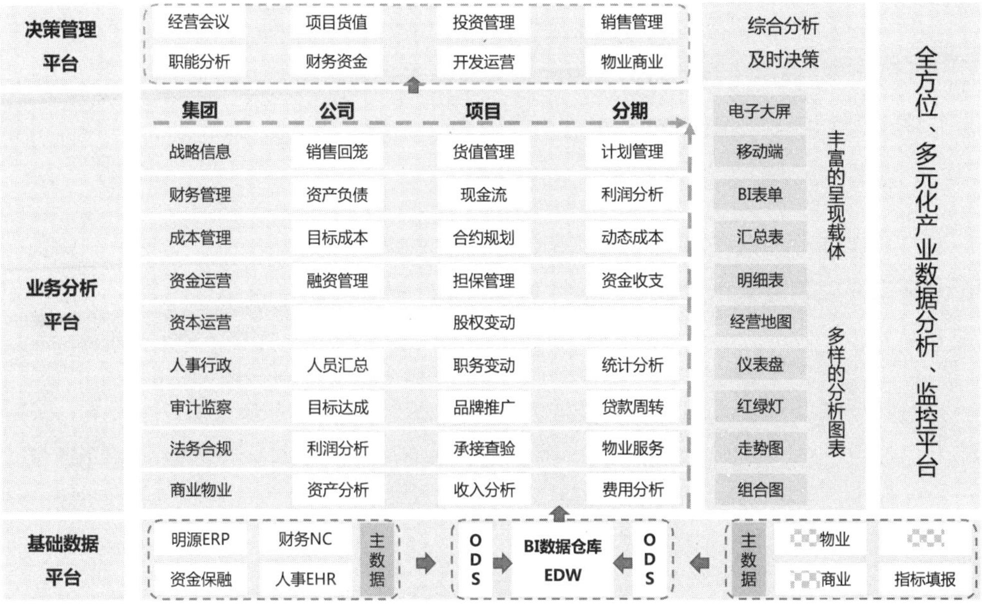

图 2-6　某地产集团 BI 项目蓝图方案中的业务方案

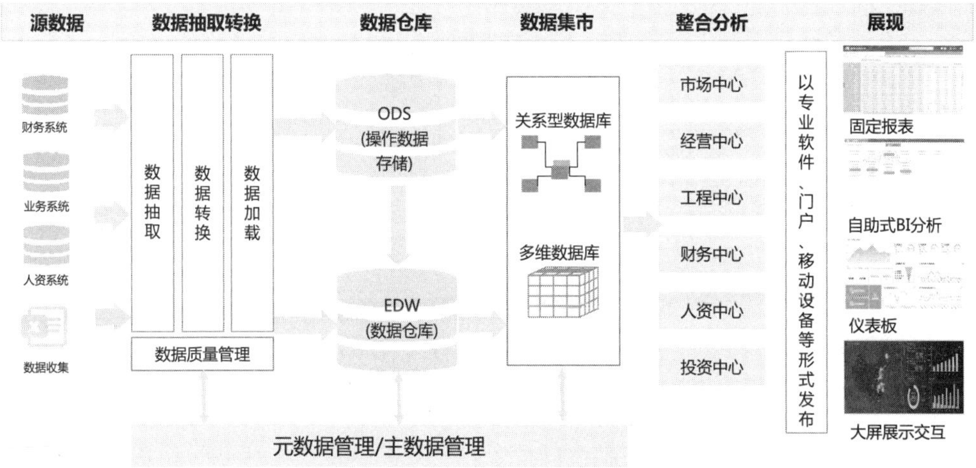

图 2-7　BI 项目技术架构

数据方案则包括对数据获取方式、数据血缘关系的梳理与描述，以及数据校对功能的设计、数据校对策略的制订等。

（2）系统环境方案描述软件环境、网络与服务器环境的配置要求。其中，软件环境包括客户端软件、BI 应用、中间件、数据库管理系统及操作系统等。网络与服务器环境主要是参考 BI 系统的要求，描述 ODS（Operational Data Store，操作数据存储）服务器、OLAP 服务器、Web 应用服务器，以及整个网络的配置情况。

（3）详细方案是在整体方案的基础上对每个模块的方案进一步细化，例如数据仓库建设方案、数据集成方案、数据补录方案、数据分析平台建设方案、多平台集成方案等。企业可以根据自身的需求，在技术、业务和数据方案上进行拓展。

以数据仓库建设方案为例，一般包括架构规划、数据模型、数据库灾备、扩展性方案等 4 个部分的内容。其中，在架构规划部分，需要明确数据仓库的建设理念和建设原则。一般在设计数据仓库时，要遵循易用、实用、高可用、灵活扩展、可靠、可配置、安全等多项原则；同时，还需要对数据仓库的逻辑架构和技术架构进行规划。对于数据模型，一般情况下建议采用星型模型，雪花模型则适用于维度表数据量较大、业务逻辑较复杂，需要节省空间和分清层次的情况。数据库灾备部分主要包含网络拓扑、硬件清单和集群等内容，用于确定数据库备份的方案以应对突发情况。另外，面对企业中激增的数据，在数据仓库的基础之上，需要用 MPP 等扩展方案来提高数据仓库处理海量数据的能力。

3. 项目管理方法

规范的项目流程能够保障项目按计划有序进行，然而项目过程中的不确定性往往会带来各种突发情况，影响项目进度和质量，甚至可能导致项目失败。这就需要企业建立完善的项目管理方法和制度，对项目进行整体监测和管控，保障项目成功落地。项目管理包括对质量、风险、成本、沟通、采购、人力资源等多个方面的管理，虽然在实施方案中就需要制订好策略，但是其执行发生在项目开发过程中，因此这里不详细阐述，将在 2.4 节对部分相对重要的内容进行介绍。

2.4 BI 项目开发与管理

进入项目开发与管理阶段，企业的目标就是对照项目规划和蓝图方案，开发出 BI 平台、系统或应用，并且以各种项目管理手段保障开发稳步、有序进行，从而减小风险，顺利结项。项目开发与管理的细节因企业而异，因此本节仅介绍几个常规要点，包括敏捷开发、项目风险管理、需求变更管理和项目验收管理。

1. 敏捷开发

敏捷开发有优点也有缺点，优点在于灵活应对需求变化，快速交付，其缺点也很明显，即需要牺牲一定的技术稳定性和美观性。所以，企业在考虑开发模式的时候要想清楚，自身的需求是变化较快还是长期不变？如果是前者，则项目必须快速交付，如果是后者，则可以慢慢开发。例如，绩效类项目就更适合敏捷开发，因为这类项目的需求一般变化频率都很高，如果在一个考核周期内没有完成开发，下一个周期需求肯定会发生变更。企业领导临时提出的一些需求也是如此，由于是领导提出来的需求，IT 部门一般会尽心尽力加班加点去实现，但最后开发出来的项目，领导可能用过几次就不用了。对于这种情况，如果采用敏捷开发，先满足领导的需求，等到后续项目功能被持续使用，再优化升级会更加高效。

这里讲一个真实的案例。江苏省某地市电信公司开发人力绩效 BI 项目，在项目初期的沟通阶段，人力部门按照轻重缓急向 IT 部门提了 80 多个需求点。由于整体的需求还比较清晰，从项目实施的角度，IT 部门希望能够按照规划，从底层到中间层，再到前端呈现一步步来做。人力部门一开始也没有提出异议，但是在项目开发过程中就出现了问题。对于那些不重要的需求，可以长期考虑，慢慢构建表结构，抽取数据，再优化前端的呈现效果。但是对于比较紧急的需求，人力部门希望能尽快用上功能，所以并不管当初设置的完成日期，隔三岔五询问 IT 部门，让人非常头疼。更麻烦的是，人力部门等不及就用 Excel 等工具应急，自行解决需求。等到 IT 部门完成开发后，人力部门非常不满意，甚至其需求已经发生变化。这给 IT 人员造成了非常大的困扰。

后来，项目团队针对每个需求，除了设置完成日期外，又额外增加了一项初步完成时间，期望借用这个时间限制来刺激开发团队快速完成开发。同时，项目团队对人力部门的需求又做了一轮梳理，选择采用敏捷开发的方式，对底层不再考虑太多完备的范式之类的问题，重点是响应前端诉求。对一些数据采集、复杂考核表之类的需求都用 FineReport 实现，并且不纠结于样式，直接拿着 Excel 样表导入 FineReport，免去制表烦恼。对于数据分析类需求，则直接采用 FineBI，通过鼠标拖曳操作在浏览器端快速呈现分析结果。尽管牺牲了一定的技术稳定性和美观性，但最后实现的效果也很好。并不是所有的数据分析任务都要求 BI 系统 24 小时不宕机运行，在需求急迫的情况下，还是得采用敏捷开发。

2. 项目风险管理

任何项目都存在不确定性，因此尽管有完美的规划做指导，但也不可不考虑不确定性带来的风险。对风险的管理以事前管理和事中管理为佳。做项目规划时准确预测风险，实施项目时有效管控风险，都能够最大限度地避开风险或减小损失，保障项目最终落地。就 BI 项目而言，风险一般存在于管理、需求、数据质量、原型、硬件环境等方面，如表 2-11 所示，表中也描述了相应的规避措施。

表 2-11　BI 项目风险及规避措施

类　别	风　险	规避措施
管理风险	项目中 XX 方组织松散，缺乏有效的协调和沟通，导致项目工作效率低下	需要公司领导密切关注，发挥强大推动作用，提高执行力，促进交流，提高效率
	目标偏差：各级人员对项目目标的理解不一致，存在潜在第二目标	通过培训、交谈等方式进行互动，在对目标的理解一致后进行下一步行动
	业务人员不配合：业务人员工作繁忙，无法投入足够精力参与项目	项目实施期间，通过制度保证业务人员投入 BI 项目的时间
需求风险	项目业务分析主题不明确，可能造成项目实施宽度和深度不确定	① 对各部门加强培训，组织内部讨论，协调资源，组建需求挖掘小组 ② 协调顾问，对业务进行梳理和引导
	目标偏差：各级人员对项目目标理解不一致，存在潜在第二目标	通过培训、交谈等方式进行互动，在对目标的理解一致后进行下一步行动
数据质量	数据来源：多数据源不一致、潜在的数据录入错误	加深对业务系统的理解，发现数据质量问题，提出合理的解决方案

续表

类　别	风　险	规避措施
	数据缺失：系统需要的数据无法获取或需要补录	通过完善业务系统、二次开发补录系统、直接补录等方式解决
	信息缺失：各业务系统管理软件的厂商无法提供数据源字典和技术上的支持	尽量获取技术支持，如果由于特殊原因无法获取支持，可以由熟悉业务系统的 IT 人员和实施小组共同解决
	控制失效：数据质量控制失效，业务系统负载过重，失去对脏数据来源的跟踪	设立业务系统隔离区，生成数据抽取批次日志，设立时间窗口，采取数据分区控制
原型风险	原型设计：对业务理解不足，验收模型的基础维度和指标设计偏离正确方向	通过培训加强双方对业务的理解，以及对维度模型设计方法的理解
	原型验证：过于关注报表样式而忽略业务含义，忽视对多维模型结构的验证	明确验证任务，划定讨论范围，讲解模型逻辑
硬件环境	目前机房、网络及服务器的实际情况不是很理想	在当前条件下，优化机房资源和网络，努力保证服务器性能

3．需求变更管理

项目需求与项目风险类似，前期做的需求分析再完善，受到众多不确定因素的影响，项目需求也很难保证一成不变，因此项目实施过程中经常会遇到需求突然变更的情况。既然需求的变更不可避免，应对的关键就在于对变更进行更有效的控制，若控制不当会对整个项目的进度、成本、质量等产生较大影响。需求变更管理同样要求项目团队事先做好规划，避免需求变更时没有完善的应对方案而影响项目整体的进度和质量。在发生需求变更时应及时做好管控。通常情况下，需求变更要经过变更申请、变更评估、决策、回复等 4 个步骤，若变更申请通过则需要增加实施变更和验证变更这两个步骤。

需要注意的是，变更需求时一定要先申请再评估。对于发生变更的需求，首先需要识别其是否在既定的项目范围之内。如果变更在项目范围之内，项目团队应评估变更所造成的影响，并将信息传达给受影响的各方人员，然后再根据影响程度决定是否变更。若确定变更，就制订相应的应对措施，解决变更的需求。如果变更在项目范围之外，项目团队就需要与用户进行沟通和谈判，讨论是否增加费用或放弃变更。

4．项目验收管理

项目验收的目的是保证项目质量，一般由各个需求方或项目领导委员会审核及验收项目。在 BI 项目被验收时，项目团队除了要交付完成开发的数据应用模板，还需要交付项目过程中产生的一些资料，例如蓝图设计方案、系统测试文档、系统使用文档等。同时，验收并不意味着项目的结束，而是标志项目进入持续的运维支持阶段。项目团队需要对项目过程中的问题进行复盘和总结，并开始下一期项目的准备工作。

本章介绍了企业 BI 项目建设的过程和要点。要保证 BI 项目顺利实施与稳步推进，总结起来就是，正确地理解需求，制订合理的项目目标，选择合适的 BI 工具，做好项目规划与实施方案，并以成熟的方法论指导项目的开发与管理过程。但做好项目的规划与实施对企业来说仍然不够，因为 BI 项目的成功是诸多因素综合作用的结果。第 3 章我们将从运营的角度分享一些 BI 项目成功的经验。

第 3 章

成功 BI 项目背后的运营技巧

建设 BI 项目不难，难的是让 BI 项目成功，项目上线后在企业中被持续使用，并带来价值。很多企业从工具选型到项目实施，投入了大量的财力和人力，最后做出来的东西却要么被荒废，要么没有持续产生令人满意的价值，这样的项目就是失败的。根据笔者的经验，失败的 BI 项目大多有以下问题：

- 项目没有上线前需求多，上线后用得少。这是一个很常见的问题。拿报表来说，IT 部门的“表哥”“表姐”们体会最深的就是需求太多，多到根本做不完的程度，自己丝毫没有喘息的机会。奇怪的是，IT 部门对所开发的报表的使用情况进行统计后发现，真正一直在用的报表并没有多少，也就是说，报表的利用率非常低。

- 不做验证，不听反馈。这很大程度上也是由需求太多引起的。IT 部门的时间都被需求排满了，顾不上去验证需求，收集反馈，最后导致闷头开发了大量的功能，但是需要返工的也不少，反而浪费了时间。

- 数据质量差，决策不准确。数据是决策的依据，其质量决定了决策的准确性。企业可以不做数据仓库，但是基础的数据质量还是要有所保证的，否则根据不准确数据做出的决策会影响企业经营，甚至影响企业发展。

- 上线大吉，不做推广。企业中的各类需求其实很多都十分相似，但是 BI 项目上线后如果不在内部广而告之，很多部门并不知道自己的需求其实已经有对应的 BI 应用，因而会向 IT 部门再次提出相似的需求，造成重复开发。一旦陷入重复开发的泥潭，IT 部门的价值也就无法体现了。

这些问题反映了企业面对 BI 项目时在思维层面的各种误区。下面根据企业内的不同角色挑一些典型误区进行分析。

IT 人员的误区主要表现在信息化建设的思路上，例如，没有标准化就不能做信息化，总想一步到位，解决所有问题，信息化的目的只是为了规范流程等。具体到 BI 项目的建设上，也有以下几个典型的误区：

误区一：大家都知道数据治理过程漫长，为了最终的巨大成果，IT 部门埋头干就行。

尽管做 BI 项目需要慢慢养数据，但是这个过程中 IT 部门也需要阶段性地产出成果，以此激发领导层和各业务部门持续的积极性，而不是独自“憋大招”。

误区二：领导认为太“烧钱”，本来就不怎么支持信息化项目，更不要说 BI 项目了。

这个时候 IT 人员需要站出来，带领导多出去看看同行的 BI 项目建设成果，用领导听得懂的话去汇报项目进度、申请预算和获取支持。

误区三：BI 系统只要把前端数据展示做得好看就够了。

BI 系统前端的美观固然重要，但前提是能让企业把数据用起来，有效指导业务、决策和管理。另外，数据的真实、准确也应该排在展示结果好看之前。

业务人员的误区体现在对待 BI 项目的态度上。很多时候业务部门只是提需求，向 IT 部门索取数据，而不考虑自己是不是也需要为项目付出。其实 BI 项目的成功离不开业务部门的支持，只有业务部门积极参与项目，最终做出来的 BI 系统才能解决业务痛点。否则，BI 项目对于业务部门来说，就是做完了用不上，没做好也没关系。

前面提到，管理层的支持对 BI 项目的成功至关重要，然而现实中很多管理人员抱着“只要指标下得好，快马也能不吃草”的心态，只谈指标却不谈资源支持，最终指标的实现必然会大打折扣。

总结这些问题和误区可以发现，要让 BI 项目成功，使 BI 系统在企业内部真正用起来，除了选择合适的工具以外，还要有数据、有人、有方法，这些因素对 BI 项目的成功有很大影响，也就是说 BI 项目和其他项目一样都是需要运营的。本章就围绕这些因素，介绍 BI 项目的运营技巧。

3.1 数据治理：从源头控制项目质量

不少企业对 BI 系统的期待大多集中在前端展示上，比如能直观显示数据、灵活地调整显示方式，能进行自助分析等，却忽略了背后的数据基础。所谓“数据不牢，地动山摇”，数据是一把双刃剑，既能给企业带来业务价值，也是最大的风险来源。企业面临的数据问题有：数据来源渠道多，责任不明确；业务需求不清晰，缺乏数据填报过程或填报的数据不准确；业务部门代码变更导致数据加工出错，影响报表的生成等。

对于 BI 项目来说，数据是非常重要的基石，数据不准确，在此基础上做的分析也就失去了意义。从数据到决策环节的牛鞭效应意味着一旦底层数据出现问题，后续的决策误差将会越来越大，只有数据基础稳固，数据质量达标，BI 才能为业务和管理人员提供更准确的决策支持。因此，要保证 BI 项目成功，企业首先要做的便是打好数据基础，而方法也就是我们常说的数据治理。接下来，我们将详细介绍数据治理的概念，以及企业如何进行数据治理。

3.1.1 什么是数据治理

业界对于数据治理的定义没有统一的标准。国际数据管理协会（DAMA）给出的定义为“对数据资产管理行使权力和控制的活动集合”。国际数据治理研究所（DGI）则将数据治理定义为“一个通过一系列信息相关的过程来实现决策权和职责分工的系统，这些过程按照达成共识的模型来执行，该模型描述了谁（Who）能根据什么信息，在什么时间（When）和情况（Where）下，用什么方法（How），采取什么行动（What）”。

简单来说，对应柏拉图的哲学问题“我是谁，我从哪里来，我要到哪里去？”，数据治理的目的也是要回答“企业的数据是什么，从哪里来，要到哪里去？”。数据治理的本质是对数据的获取、处理、使用等过程进行监管，实现企业数据维度和指标在定义、计算口径、来源和出口上的一致性，并提供数据监控、预警、查询、分析、展示、血缘分析以及数据溯源等能力。具体来说，数据治理涵盖了企业数据标准、元数据、主数据、数据模型、数据分布与存储、数据生命周期管理、数据质量，以及数据安全等方面的内容，是一个长期、复杂的工程。

3.1.2 企业如何进行数据治理

绝大多数企业已经认识到数据治理的重要性。有调研数据显示，超过一半的企业已经将数据作为核心业务，并且有正式的数据治理战略；其他企业目前虽然没有正式的数据治理战略，但是已经意识到数据的价值，并准备在不久的将来开始进行数据治理。

然而，企业对于数据治理重要性的认识更多源自行业的法规要求。有调研数据显示，行业法规要求是企业实施数据治理最大的驱动因素，排在首位。排在第二和第三位的分别是建立用户信任及增加满意度、加强企业数据决策，只有非常少的企业提出为了保证数据的准确性而进行数据治理。因此，企业仍然需要提高对于数据治理重要性的认识。

企业在实施数据治理的过程中也面临不少阻碍，最大的阻碍在于项目成本。数据治理是一项艰难且长期的工程，财务成本动辄上百万元，人力和时间成本也相当大，例如笔者的客户某大型零售企业仅梳理数据就花费了半年之久。面对这样的成本，不少企业望而却步也在情理之中。第二个比较大的阻碍是企业管理层未能提供有力的支持。没有企业高层和行政部门的支持，数据治理项目是很难做下去的，毕竟它是牵涉企业所有部门的项目。此外，缺乏合适的数据治理方法也是大部分企业的数据治理较难开展下去的一个原因，可以说都是在“摸石头过河”。

下面我们就来聊一聊企业应当如何进行数据治理。在介绍数据治理方案之前，先明确数据治理的几个原则。

1．“不骑两头马，不喝两头茶”

所谓“不骑两头马，不喝两头茶”，是指企业必须明确数据治理的目标和范围，而不是朝着不同的方向同时发力。那些我们能看到的企业数据问题往往只是冰山一角，模糊的目标和范围会导致数据治理项目越做越大，越做越复杂。很多企业在做数据治理的时候，往往追求大而全，希望通过一个项目或者一段时间就解决所有问题，毕其功于一役。但这样做往往适得其反，劳心劳力，大家都不开心。领导不开心，因为钱花出去后没有看到效果；员工也不开心，因为工作量增加了。因此，一开始就确定目标和范围是很有必要的，要从最重要的数据开始进行治理。举一个简单的例子，对于房地产企业来说，什么数据最重要？是总包开发商、供应商的数据，还是大会员数据？其实都不是，对于房地产企业来说，它的项目数据才是最重要的，所以数据治理的第一步是对项目数据进行治理，加强监测。

2．避免垃圾进垃圾出

不要指望从垃圾数据中能提炼出有价值的信息，对数据在源头进行把控，远胜于在中间过程花费大量成本去处理。BI 系统的数据来自企业各个业务系统以及一些外部数据源，一旦源头上有污染，后续的处理就会相当麻烦，数据最终的应用价值也将大打折扣。所以，在数据治理的过程中，一定要从源头把好关，在源头就进行有效的治理。源头的数据更干净，BI 系统才能发挥更大的价值。

3．数据治理不仅仅是 IT 部门的事情

国内企业对于数据治理有一个错误认知，就是 IT 部门把数据治理好，业务部门拿来用就可以了。为什么说这个认知是错误的？因为在数据治理这件事情上，IT 部门更多的是提供解决方案，真正的执行者是业务部门，业务部门的参与能够使方案更加完善，也能让后续的数据应用更加符合业务人员的习惯。如果只是由 IT 部门来推动数据治理的话，就笔者的经验来看是非常难的，必须由企业的高层或者相应的职能部门来主导，才能将数据治理这件事情真正地做下去。

4．数据治理也要有看得见的产出

如果没有看得见的产出，即前端的数据展现效果，数据治理的效果便会打折扣。就算是一条简单的数据，做数据治理时也有非常多的逻辑，只有这样才能保证准确输出，但是这些逻辑用户看不见，感知不到，会觉得数据治理好像什么都没做。因此，只有数据被使用，并且在前端呈现出来，人们才能看到数据治理的产出，感受

到其价值。对于数据治理，“底子”要有，“面子”也要有。

企业数据治理可以按照如图3-1所示的四个核心原则或者说四个步骤进行。

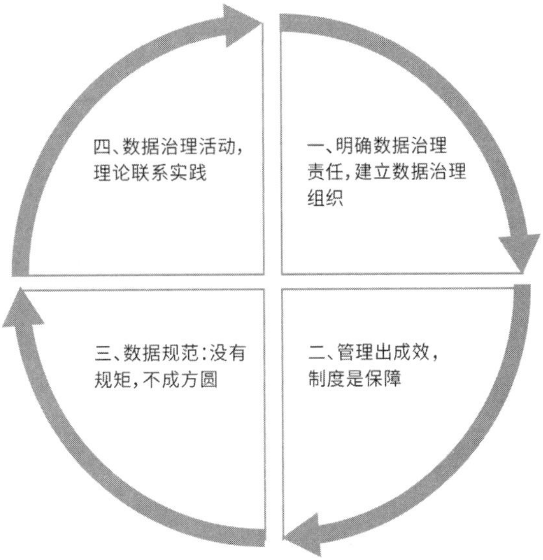

图3-1 企业数据治理的四个核心原则

首先，建立数据治理委员会。军不可一日无帅，在做数据治理之前，一定要把数据治理组织建立起来，统筹规划，整体布局，指导后续任务的执行。图3-2所示的是一个典型的数据治理组织架构。顶层是信息化领导小组，一般下面会附设一个数据治理/管理领导小组，再往下是数据治理部、牵头业务部门等。需要注意的是，数据治理部是一个虚拟部门，可以由IT部门牵头，也可以由数据治理项目的发起人牵头，最后形成一个虚拟的数据治理部。企业还可以在下属单位设立不同的数据治理虚拟团队，保障整个数据治理流程的执行。

第二个核心原则是管理（要）出成效，制度是保障。如果没有严格的制度，数据治理将很难推进下去。图3-3所示的是一个简单的数据治理平台管理流程图，参与数据治理平台管理的角色包括业务人员和数据开发人员。为了保证信息的正确性，平台内有严格的管理流程，需要不同的角色在对应的节点进行维护和管理。我们可以看到，即便是业务部门提供的一个最基础的指标信息，都要经过这样一个规范的审批流程才能最终发布到外系统供用户使用。具体来说，指标的基础信息首先需要由业务人员审批，审批通过后才能将指标技术信息传达给数据开发人员，由数据开发人员进行相应的数据库管理操作（包括建表、维护对应的维度和模型），再次审批通过后才能由数据开发人员构建数据应用，最终以查询和接口的方式为用户、业务系统及数据产品等提供服务。

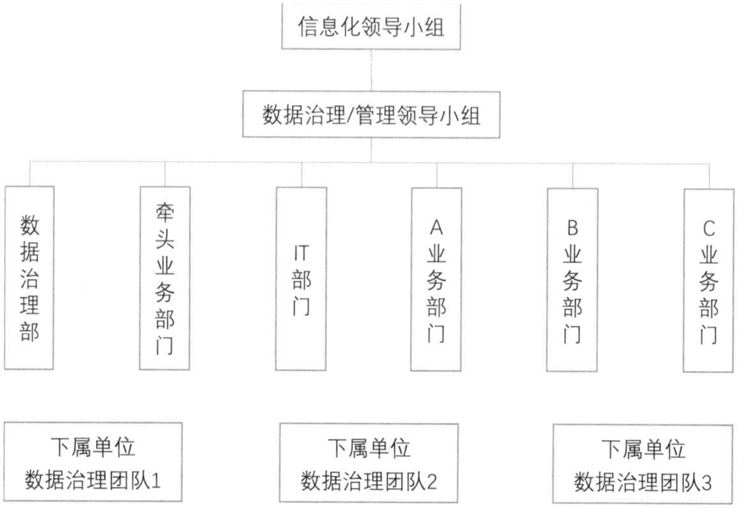

图 3-2　数据治理组织架构图

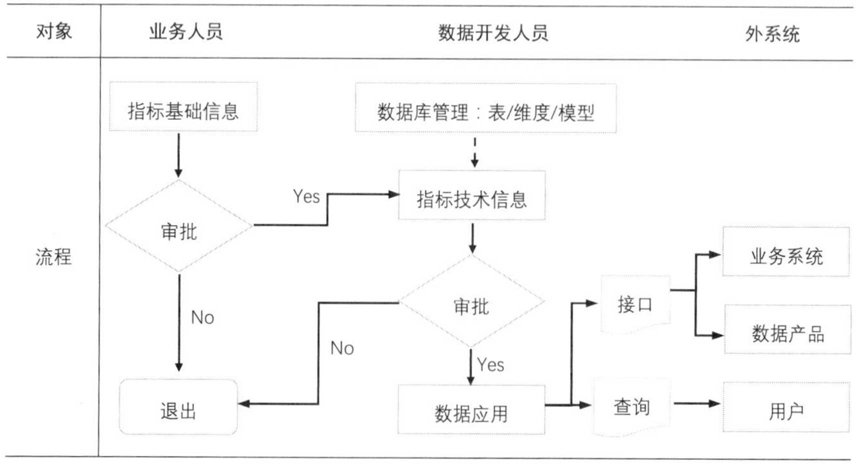

图 3-3　数据治理平台管理流程图（简图）

第三个核心原则是要制定数据规范。没有规矩不成方圆，要给每一条数据建立一定的规则，弄清楚这些数据到底是做什么的。具体来说，数据规范需要包含如下的数据规则：

- 完整性：对一个业务、一个客户、一个产品、一次营销活动等数据进行缺失值的考察，确保数据是完整的。
- 有效性：数据应具备有效的格式或值。
- 一致性：数据仓库内数据的定义统一，口径一致。
- 唯一性：经营分析系统中的数据定义是唯一的。
- 正确性：指的是 ETL 过程、加工过程、数据整合、模型、展现、查询等的正确性，以及核对过程是否充分。
- 准确性：指数据的准确度与合理性，具体的量化指标包括准确率、差错率、问题字段个数、问题记录覆盖率等。
- 时效性：能够按照业务需求及时产生或提取所需的数据。
- 清晰性：清晰地定义每一个数据的来龙去脉，没有歧义。
- 充足性：在保证数据正确性和准确性的基础上，能对主要业务专题提供足够的数据进行有足够精度的分析。

不同企业可以根据自身的特性来制定合适的数据规范。图 3-4 所示为某银行数据规范调研记录，我们可以看到对数据的源系统、表名、字段名等维度，进行筛选、整合、重命名、分类以及补充等操作后，最终形成按标准主题、标准分类、标准中文名称、标准英文名称等维度梳理的清晰的数据规范体系。

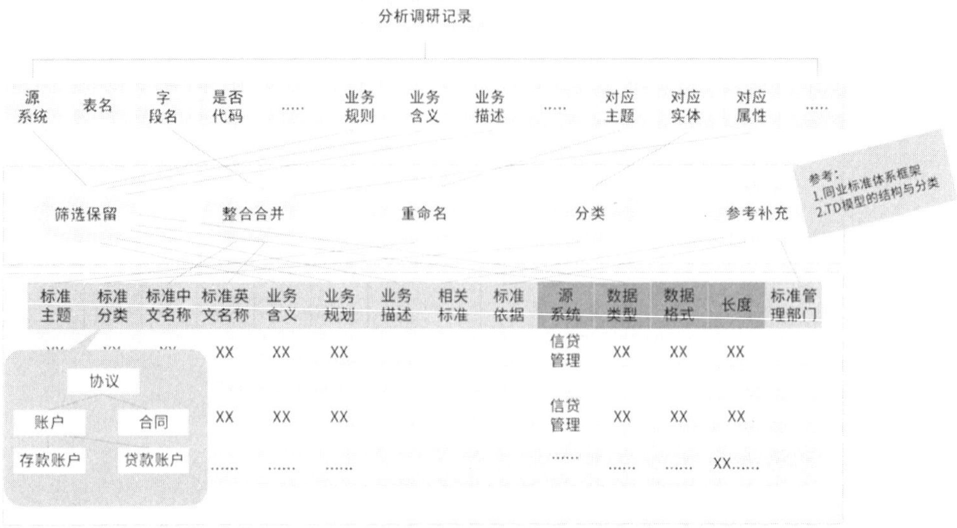

图 3-4　某银行数据规范调研记录

最后一个核心原则是理论联系实际，即数据治理是需要与企业管理相结合的。例如，可以结合企业现状制订相应的管理办法和流程，包括体系、人员、岗位等。图 3-5 给出了一个典型的数据治理系统架构，来自某银行数据治理项目。该银行为了加强数据保密性管理，根据数据的重要程度、公开范围、使用频次和数据安全等级等，针对性地制订了 4 个重要的数据管理层级，再对应各个层级管理数据。也就是说在数据治理过程中，该银行结合自身实际制定了数据治理规范。

要做到理论联系实际，有一个比较有效的方式就是主数据先行。我们知道，主数据是指描述企业的客观存在，关联度和复用度高的基础数据，它和企业实际情况的联系是非常紧密的，因此很多企业在做数据治理时都会要求主数据先行。以某地产企业为例，它的主数据系统运营架构规划如图 3-6 所示，可以看到主要包括数据范围、数据标准、数据生产和数据消费等 4 个层面的内容。和其他数据治理内容不同，主数据的范围限定在该企业常用的数据领域和维度，整个项目周期短、成效快，在此基础上再进行后续的数据治理，阻力会小很多。

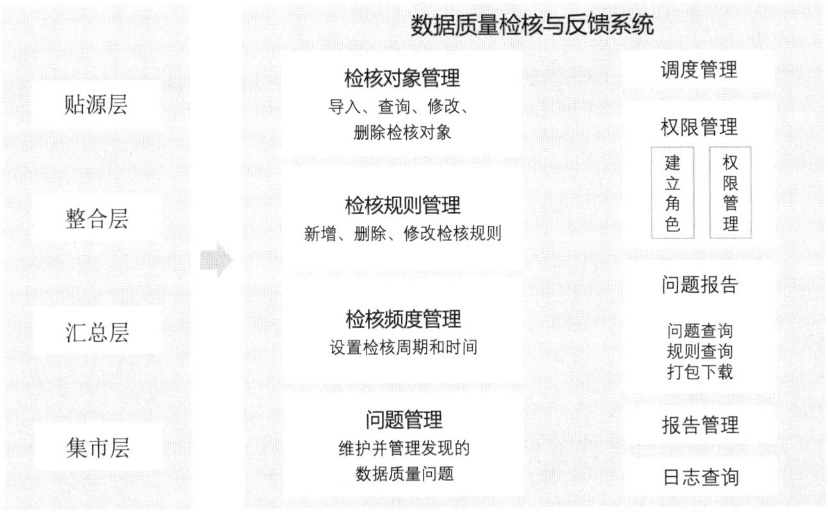

图 3-5　典型数据治理系统架构

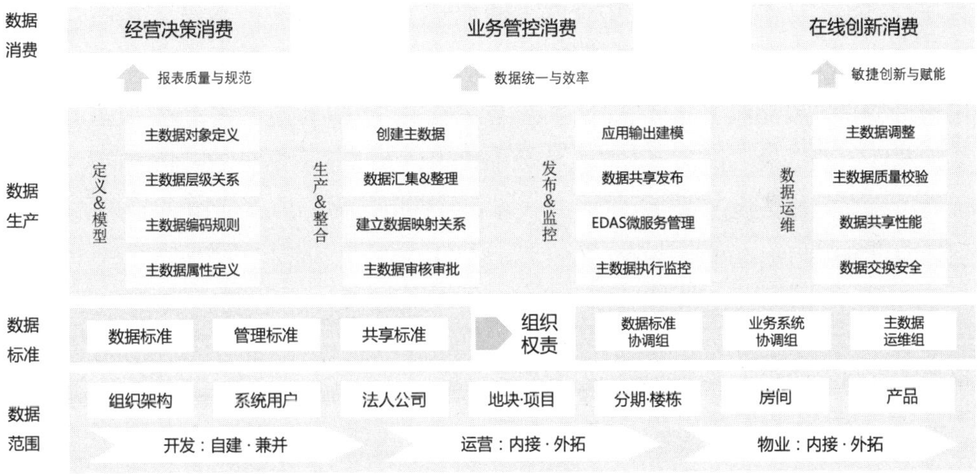

图 3-6　主数据系统运营架构规划

3.1.3　数据治理实践案例

本节分享两个具体的数据治理案例。

案例一：某高校数据治理实践

随着办学年限的增加，该高校的 IT 系统中沉淀了很多数据，存在以下问题：

- 随着应用系统的增加，形成一个个数据孤岛。
- 数据管理不规范，数据质量差。
- 代码标准不一致，数据标准不一致。
- 缺乏统一的数据交换平台与支撑工具。
- 数据的完备性、准确性存疑，难以有效利用。
- 无法提供优质的数据服务，用户体验差。

针对上述问题，该高校提出了“三步走”的数据治理工作规划。第一步是摸家底，包括元数据的梳理和采集、基础数据库和数据仓库的盘点。第二步是建体系，包括数据管理体系、质量监控体系以及数据共享和交换体系。最后一步是以应用促治理。该高校做了“一表通”“综合校情分析与领导驾驶舱”“学生域大数据”等应用，为学校“双一流”建设提供数据支撑，希望以应用促进数据治理工作，因为如果治理后的数据没人用，那么数据治理的作用也就体现不出来。因此，该高校对于优先级最高的数据优先进行治理，等大家把数据用起来之后再对 BI 应用进行迭代，保证整个数据治理过程形成闭环。

该高校同样践行了主数据先行的原则，对组织机构、学生等主数据进行管理，包括实时数据同步、准实时数据同步和定时数据同步等三个层级，如图 3-7 所示。

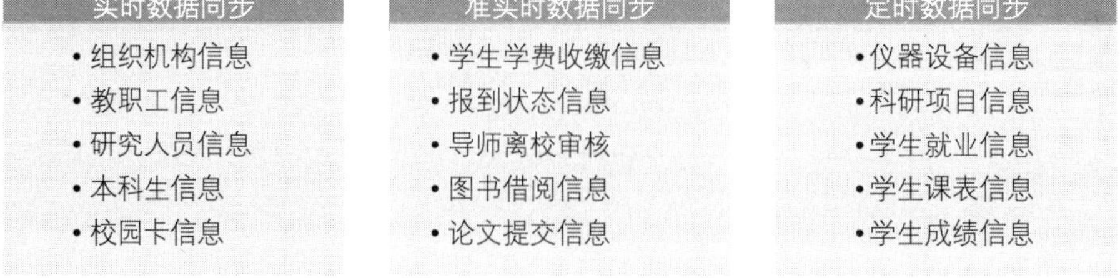

图 3-7　某高校主数据管理的三个层级

基于“三步走”的数据治理工作规划，该高校开发了多个特色 BI 应用。例如

图 3-8 所示的学业预警系统，综合分析学生的各项信息，得出预警级别，学校根据不同的预警级别采取不同的措施。如图 3-9 所示的 BI 移动应用，在迎新工作中发挥了重要作用，学生的报到情况一目了然，受到广大师生的一致好评。

图 3-8　学业预警系统

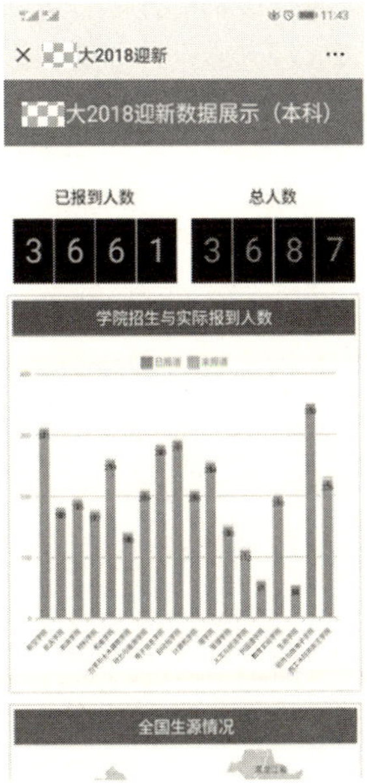

图 3-9　BI 移动应用（迎新页面）

案例二：某医药企业数据治理实践

某药企在制订企业数据战略时意识到，要想汇聚企业数据资产，建成企业级数据中心，必须先完成数据治理工作。通过对现有数据的梳理，该药企对普遍存在的数据问题进行了总结，如表 3-1 所示。

表 3-1　某药企存在的数据问题

类　别	问　题	描　述
基础数据	数据的维护职责不清晰	门店经纬度目前至少有三个地方在维护，商品照片也有多部门维护等
业务数据	表名不规范	表名有很多类型，如德文缩写、英文、拼音、拼音首字母等
	字段名不规范	字段名有很多类型，如德文缩写、英文、拼音、拼音首字母等
	相同口径，名称不同	经常有此类情况，特别是数量型的字段。例如，同一串编码，在这张表里名为订单号，在另一张表里名为凭证号
	相同名称，口径不同	如动销率，不同部门的取数逻辑不一样
	会员数据存在异常字段	如：手机号码由人工填写，没有做校验，会出现“1111”的情况
非结构化/半结构化数据	缺乏此类数据	比如埋点、第三方数据等

针对表 3-1 中列出的数据问题，该药企制定了相应的解决方案。

（1）通过主数据先行、维护数据仓库维度表层等措施，解决基础数据的问题。图 3-10 给出了该药企的主数据与副本数据管理示例，我们可以看到该药企对主数据和不同分公司的副本数据进行了区分，采用不同的编码，并在主数据基础上对副本数据的维度进行了扩展。

（2）通过三大步骤解决业务数据问题，主要是数据的标准化和规范化：

- 设立数据标准化委员会，制定相关制度和标准。
- 将建表权限收归 DBA，严格按照标准规范执行。
- 数据仓库对进入其中的数据可以进行清洗，对 IT 人员在数据仓库中的建表行为实施平台级强约束，确保用于分析的数据标准化、规范化。

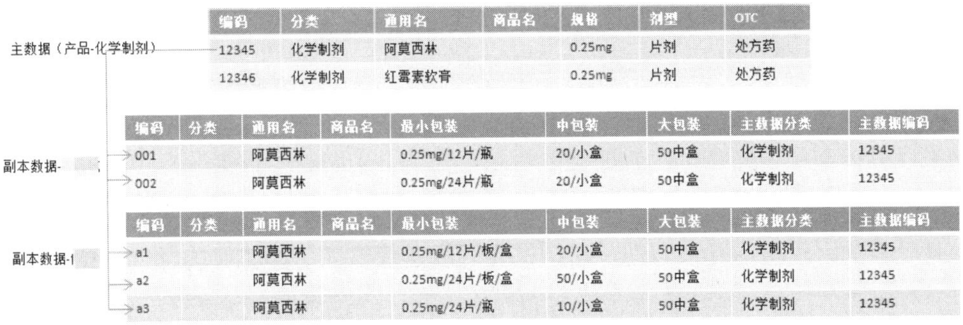

图 3-10　某药企的主数据与副本数据管理示例

（3）通过自动埋点和爬虫等方式收集非结构化和半结构化数据，弥补这类数据的缺失。

经过这样的治理后，该药企的数据质量得到很大的改善。现在业务部门在做决策时都会放心地参考系统中的数据，因为这些数据是准确、及时、可信的，后续的决策结果也再次验证了数据是高质量的。例如针对药品的销售情况，IT 部门帮助销售部门做了类似图 3-11 所示的药品销售分析报表，之前显示的数据曾被反复质疑，现在销售部门跟踪药品销售情况和调整药品的供应都靠这张报表。

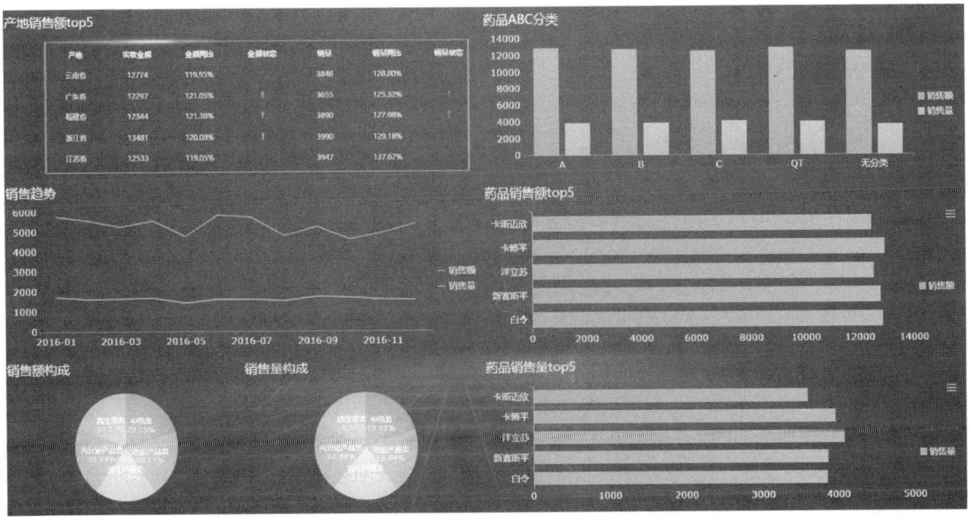

图 3-11　药品销量分析报表

3.2 业务模型：获取更深入的数据见解

曾有一位在零售行业做数据分析师的朋友跟笔者抱怨：累死累活做的数据分析结果，业务部门的同事每次就随便看两眼，根本不采纳基于数据分析得出的见解和建议。看了朋友的数据分析结果后，笔者就明白了，他做出来的结果与实际业务基本是脱节的，提出的建议也都是诸如提高门店运营效率、增加区域门店数量等一些没有针对具体问题或者不在企业预算范围内的建议，自然不会被采纳。

其实，要得到有用的业务数据分析结果并不难，除了积累数据分析经验、增进对业务的理解外，用好数据分析模型也能得到具有实际指导意义的分析结果。数据分析模型都是前人在长期的实践经验中总结出来的，能够满足特定高频业务场景的通用分析方法，例如零售行业经常用到的 RFM 模型、ABC 模型（帕累托模型）等。因此，在业务分析中应用数据分析模型，对挖掘数据价值、促进业务增长来说是大有裨益的。

表 3-2 对部分常见的数据分析模型进行了简单的总结。关于应用这些模型的详细思路和步骤，很多数据分析图书和资料中已经做了大量介绍，这里不再赘述，IT 人员和业务人员可以根据各自需求针对性地学习和研究。本节主要谈通用的业务数据分析模型（业务模型），也常常被称为业务分析框架。

表 3-2 常见的数据分析模型

模　型	描　述	主要适用场景
ABC 模型	ABC 模型又称为帕累托模型，以“少数项目贡献了大部分价值”为原则，主要用于分清产品对象的主次，按照重要性依次递减的顺序将产品分为 A、B、C 三类	产品分类
四象限模型	利用水平和垂直分割线将图表区域分为四个象限，将每个象限的数据表现作为一个类别。 主要以点图呈现，用于快速将多个分类下的数据按照不同指标进行归类，然后针对不同类别的数据制订最佳策略	产品分类
RFM 模型	RFM 模型是衡量客户价值和客户创利能力的重要工具和手段。该模型通过一个客户的近期消费行为（Recency）、消费的总体频率（Frequency）以及消费金额（Monetary）等 3 项指标来描述该客户的价值状况	客户分类
购物篮模型	购物篮模型是商场常用的一种分析模型，用于通过顾客的购买行为找到可以捆绑销售的商品，获得更多利润。经典案例“啤酒和纸尿裤搭配售卖”就是根据购物篮模型分析而得出的结果	商品关联、捆绑销售

续表

模　型	描　述	主要适用场景
漏斗模型	漏斗模型常用于营销过程，是将非潜在客户逐步变为客户的转化率量化模型。其价值在于量化营销过程各个环节的效率，帮助找到薄弱环节	电商客户转化率、产品销售
KANO 模型	KANO 模型以分析用户需求对用户满意度的影响为基础，根据不同类型的质量特性与用户满意度之间的关系，将产品服务的质量特性分为魅力因素、期望因素、必备因素、无差异因素和反向因素等 5 个方面，并且度量 5 个方面的需求被满足与否对满意或不满意度产生的影响	识别客户需求，确定影响满意度的关键因素

通常情况下，业务模型是围绕行业维度展开的，统领数据集市的开发，包括供应链、生产、营销、风控、绩效等方面。好的数据集市可以为数据的专题分析和多维分析提供非常多的便利。

从具体的流程上来看，业务模型的建立一般会经历成熟指标库、行业分析指标库、分析模板、额外的行业数据分析等 4 个步骤。企业从业务痛点出发，在初期没有头绪的时候往往会寻找成熟的指标库。在此基础上，企业结合需求形成适合自身的行业分析指标库，再通过前端分析模板搭配绩效考核、财务管理、风险管理等业务主题模块，就可以快速实现对多项业务主题的分析。除了自身的业务主题外，企业还可以通过掌握的用户及市场等行业数据来弥补业务数据的不足，形成完整的业务模型，提供更完善的业务见解。

下面再以某地产企业的营销管理业务为例介绍这 4 个步骤。该企业的营销流程存在以下 3 个痛点：

- 由于监管难度大、市场环境复杂，以及住房开发部门管理能力不足，该企业营销部门的统筹管理能力较弱，各层级的营销数据难以系统化管理，营销部门只制订大目标，缺乏流程监管，无法主动定位问题。
- 一线营销人员的积极性容易因营销工作的特性受到周期性影响，而且易陷入部门内卷效应，工作积极性的波动非常大。
- 企业拥有的大量客户数据仅仅用于存档，没有得到充分利用、发挥价值。

面对这些痛点，该企业希望建立营销管理业务模型，充分利用数据价值，为营销业务赋能。该企业遵循建立业务模型的 4 个步骤，首先找到了与地产行业营销业务相关的数据仓库指标（如图 3-12 所示），也是行业成熟的指标库，这些指标存储在数据仓库中，是最基础的业务数据字段。接着，该企业根据分析需求对各项指标进行计算，梳理出需要在 BI 平台上展示的指标，即行业分析指标库，如图 3-13 所示。

序号	梳理标记	状态	部门	条线	分析场景（分析目的）		指标名称	指标定义	指标口径
					一级分类	二级分类			
							描述指标的业务名称	明确给出指标的业务定义，确保对指标理解的一致性	1、描述指标的业务统计口径，有两类口径：
1		待确认	营销		销售	认购	认购套数	总认购套数（含诚意认购）	明源ERP按审核通过的数据
2		待确认	营销		销售	认购	认购面积	总认购面积	明源ERP按审核通过的数据
3		待确认	营销		销售	认购	认购金额	总认购金额	明源ERP按审核通过的数据
4		待确认	营销		销售	签约	签约套数	总签约套数	明源ERP按审核通过的数据
5		待确认	营销		销售	签约	签约面积	总签约面积	明源ERP按审核通过的数据
6		待确认	营销		销售	签约	签约金额	总签约金额	明源ERP按审核通过的数据
7		待确认	营销		销售	签约	签约均价	已签约单位平均每平方米价格	明源ERP按审核通过的数据
8		待确认	营销		销售	回款	回款金额	回款金额	明源ERP按审核通过的数据
9		待确认	营销		应收款	认未签	认未签套数	认购未签约套数（账龄）	明源ERP按审核通过的数据
10		待确认	营销		应收款	认未签	认未签面积	认购未签约面积（账龄）	明源ERP按审核通过的数据
11		待确认	营销		应收款	认未签	认未签金额	认购未签约金额（账龄）	明源ERP按审核通过的数据
12		待确认	营销		应收款	应收款	应收款金额	已签约未回款金额（账龄）	明源ERP按审核通过的数据
13		待确认	运营		货值统计	货值	上年结转可售货值	上年可售未售的可售货值（套面价金四大指标）	取08 表年初可售库存（固定不变）
14		待确认	运营		货值统计	货值	上年结转可售货值（可隐藏）	上年结转可售货值（可隐藏）（套面价金四大指标）	取上年12月31日可售库存
15		待确认	运营		货值统计	货值	截止统计日当年新增可售货值	截止统计日当年新增可售货值（套面价金四大指标）	预售证实际日期在1月1日至统计日
16		待确认	运营		货值统计	货值	截止统计日当年减少可售货值	截止统计日当年减少可售货值（套面价金四大指标）	销售签约审核日期在1月1日-统计日

调研概述 | 汇总指标 | 销售分析 | 应收款分析 | 货值 | 库存去化分析 | 客户分析 | 营销费用管控 | 经营性现金流

图 3-12　地产行业营销业务相关的数据仓库指标

模块	维度	指标	说明
销售模块	当年	销售额	当年签约金额(签约和审核日期都在当年) + 当年退换房合同变更差额（变更后-变更前，审核日期在当年）
		回款	已收款(创建和审核日期都在当年的) - 已退款(创建和审核日期都在当年的)
		合同完成率	销售额/销售指标
		回款完成率	回款额/回款指标
		综合完成率	合同完成率(销售额/销售指标)*0.5+回款完成率(回款额/回款指标)*0.5
	近六个月	销售额	当月签约金额(签约和审核日期都在当月的) + 当年退换房合同变更差额（变更后-变更前，审核日期在当月）
		回款额	已收款(创建和审核日期都在当月) - 已退款(创建和审核日期都在当月)
		综合完成率	合同完成率(销售额/销售指标)*0.4+回款完成率(回款额/回款指标)*0.6
	当月	销售额	当月签约金额(签约和审核日期都在当月的) + 当年退换房合同变更差额（变更后-变更前，审核日期在当月）
		回款额	已收款(创建和审核日期都在当月) - 已退款(创建和审核日期都在当月)
		考核版完成率	合同完成率(销售额/销售考核版指标)*0.4 + 回款完成率(回款额/回款考核版指标)*0.6
		奖励版完成率	合同完成率(销售额/销售奖励版指标)*0.4 + 回款完成率(回款额/回款奖励版指标)*0.6
	当日	销售额	当日签约金额(签约和审核日期都在当日) + 当年退换房合同变更差额（变更后 - 变更前，审核日期在当日）
		回款额	已收款(创建和审核日期都在当日的) - 已退款(创建和审核日期都在当日的)
应收款模块	当年	应收款	年销售额 - 已收款 - 已退款
		逾期金额	(年销售额 - 已收款 - 已退款)(规定回款日期小于当前日期)
		未逾期金额	(年销售额 - 已收款 - 已退款)(规定回款日期大于当前日期)
客户模块	当年	新客户数	跟进记录中第一次来访的来访客户手机号总数(创建日期在当年)
		老客户数	跟进记录中不是第一次来访的来访客户手机号总数(创建日期在当年)
	近八周	新客户数	跟进记录中第一次来访的客户手机号总数(创建日期在对应周)
		老客户数	跟进记录中不是第一次来访的客户手机号总数(创建日期在对应周)
		转化率	签约认购总数(已签约客户或者已认购未签约客户电话号数)/来访新客户数(首次接触方式为来访的新客户总数)
存量模块	当前	存量套数	一条房间记录为一套，(未签约(房间状态为未售)+已签约未审核(房间状态为签约，审核日期大于当前日期)-已退房未审核(房屋状态为为未售，存在退房变更，审核日期大于当前日期))(且取预售证日期小于当前日期的)
		存量面积	计价方式为套内面积，则取套内面积，否则取建筑面积，(未签约(房间状态为未售)+已签约未审核(房间状态为签约，审核日期大于当前日期)-已退房未审核(房屋状态为为未售，存在退房变更，审核日期大于当前日期))(且取预售证日期小于当前日期的)
		存量货值	底价（如果有最低价格则取最低价格，没有则取预售价），(未签约(房间状态为未售)+已签约未审核(房间状态为签约，审核日期大于当前日期)-已退房未审核(房屋状态为为未售，存在退房变更，审核日期大于当前日期))(且取预售证日期小于当前日期的)
	产品类型	存量货值	根据产品类型将当前存量划分为七种

图 3-13　地产行业分析指标库

有了行业分析指标库后，营销部门便借助前端分析模板快速实现了营销管理人员和一线业务人员的各项分析需求，图 3-14 所示为销售日报。

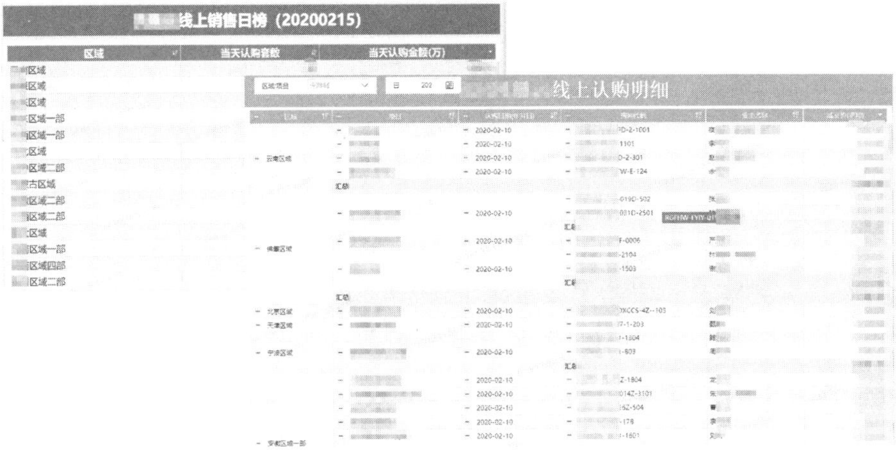

图 3-14　某地产企业营销部门的销售日报

除了营销数据外，该企业还将视角拓展至行业数据。行业数据主要用于补充企业内部的经营数据，它不是企业自己产生的数据，但是对企业经营结果会有影响，是业内都可以理解的数据。该企业唤醒了系统中“沉睡”的大量客户数据，通过对这些数据的体系化管理，实现了对客户的精细化运营。

建立这样一套业务模型后，再结合整个业务分析过程的可视化，该企业实现了营销数据的体系化管理，制订目标、监控业务流程时都有数据作为依据，一线营销人员的积极性得到很大提升，那些沉睡的客户数据也为精准营销提供了巨大的价值。

那么企业在初步建立业务模型时，如何获取或者积累数据仓库指标库和行业分析指标库呢？一般来说可以从内部和外部两个层面入手：在内部层面，自身多学习，指标都来源于业务，因此项目团队要多从业务活动中积累指标，和业务部门一起梳理指标；在外部层面，则可以向咨询公司和 BI 厂商寻求帮助。当前大部分企业对 BI 的期望已经不再停留于工具层面，而是希望获取一揽子解决方案，因此在工具选型和项目立项时，也可以多考察 BI 厂商是否有足够的行业咨询经验，是否能提供各类业务模型和方案等。

3.3 PDCA 闭环：持续优化 BI 系统

本章开篇提到 BI 项目失败的一大表现就是不做验证、不听反馈，究其原因，还是缺少闭环思维。而闭环思维之所以能够促进 BI 项目成功，离不开其“有始有终、不断反馈、不断优化”的核心思想。没有反馈、不做优化的 BI 项目只能是大量数据应用的堆叠，其价值也就只能停留在提供数据层面，无法提升企业的管理水平和业务水平。

企业内最常见的一个闭环思维便是 PDCA 闭环。PDCA 是质量管理的基本方法，分为 Plan（计划）、Do（执行）、Check（检查）和 Action（处理）等 4 个阶段，因其存在普适性而被推广到企业的各项管理工作中，成为企业实现经营管理闭环的有效方法，为广大企业所熟知。

值得注意的是，在具体的经营管理闭环中，管理不但需要“设计”和“执行”，更需要“监控”与“完善”，讲求“过程化管理”和“结果化管理”的结合。在这样的要求下，PDCA 闭环和 BI 便成为一个绝佳的组合。PDCA 为企业 BI 应用落地提供指导，BI 则为 PDCA 过程提供数据依据，二者相辅相成，最终实现价值，BI 项目也就成功了。

闭环思维在 BI 项目中的应用，可以从数据、业务和管理三个角度来看。其中，数据闭环建立在数据流的基础上，而业务和管理闭环则建立在 PDCA 过程的基础上。

3.3.1 数据、业务和管理闭环

1. 数据闭环

数据闭环比较容易理解，在 BI 项目中，数据一般会经历从数据源到数据获取、数据加工，再到数据展现、数据应用的完整流程，而数据在应用过程中出现的问题与得到的反馈都会倒逼企业在数据的源头进行改进，如此往复，形成闭环。例如，图 3-15 所示为某医院的数据闭环，数据从业务系统中提取出来，经过处理和展现形成各类数据应用，而数据应用的分析和反馈又被用于改善业务系统，这样一来，数

据会不断完善，数据应用也会不断完善，形成完整的数据闭环。

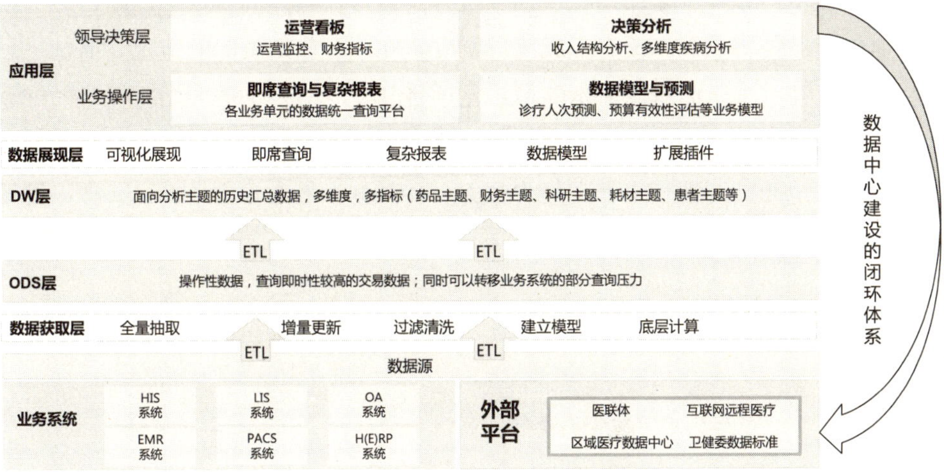

图 3-15　某医院的数据闭环

2. 业务闭环

业务闭环可以理解为从制订决策到拆解目标计划，最后到执行的业务流程闭环，本质上是对具体业务问题进行线性拆解，最终回到业务目标的达成与监控。如图 3-16 所示，业务闭环建立在 PDCA 闭环的基础上，主要包括计划、组织、执行、监督和考核等 5 个环节，最后的考核结果和反馈又用于对制订计划和拆解目标过程的迭代与优化，从而形成闭环，不断为业务赋能。

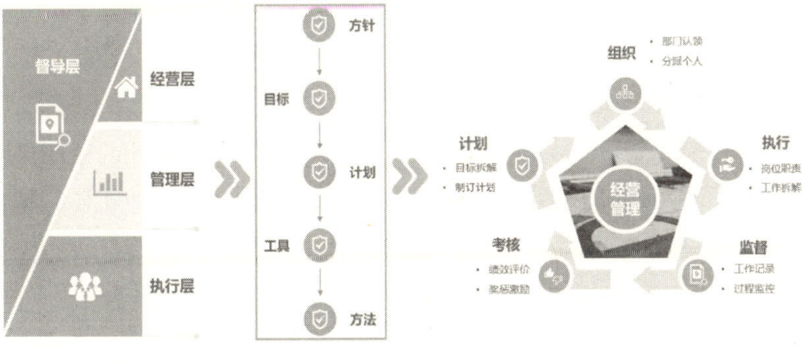

图 3-16　业务闭环

以图 3-17 展示的两种开发风格为例，同样的开发任务，有闭环和没有闭环最终的结果差别非常大。其中左图为粗放式项目开发风格，整体的目标不清晰，整个工作过程也缺少监控与反馈，没有形成闭环，导致在项目前期长时间拖延，而截止日期来临前又疯狂赶工。而右图所示的精细化项目开发风格，从一开始对任务的细化和拆分到中间对执行过程的监控，再到最后通过反馈对任务进行调整，并再次回到标准流程，整个开发过程形成了完整的业务闭环，不管是人效还是项目管理，都得到极大的提升。

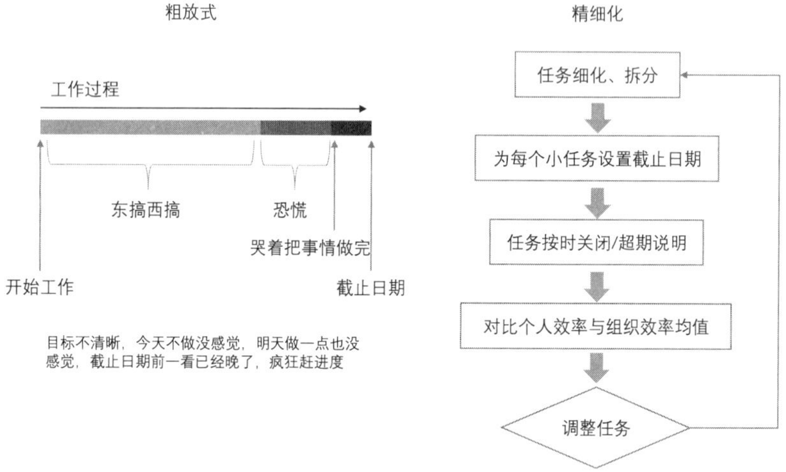

图 3-17　无闭环的粗放式项目开发 vs. 有闭环的精细化项目开发

3. 管理闭环

与业务闭环类似，管理闭环也是建立在 PDCA 闭环的基础上的，不同的是业务闭环侧重于经营计划，核心在于达成业务目标；而管理闭环侧重于战略监控，核心在于达成战略目标。管理闭环可以理解为 PDCA 闭环融合了企业战略和经营后再细化，其整体由一个个具体的业务闭环组成。如图 3-18 所示，管理闭环从制订战略开始，经转化战略、规划和运营、执行计划、监督和学习、检验/调整战略等环节，最终又回到制订战略，形成闭环。整个过程会用到战略图、平衡计分卡、流程面板等工具，是经营计划与战略计划互补的过程。

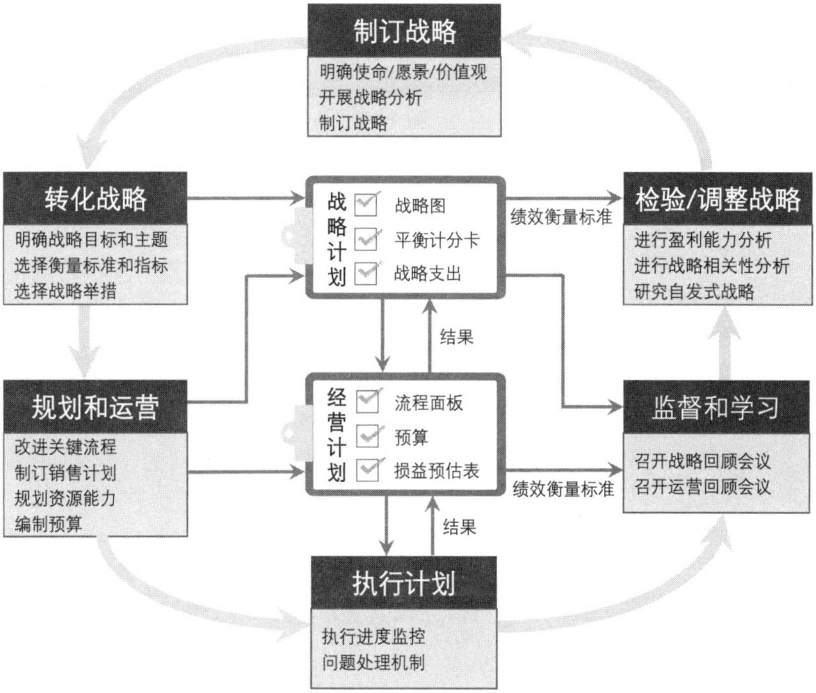

图 3-18　管理闭环

3.3.2　企业闭环管理实践

我们来看一个 PDCA 闭环在 BI 系统中落地的例子。某大型制造集团面临内外压力带来的成本和效率的双重挑战，发现人治加法治的模式已无法满足管理需求，对管理模式的变革势在必行。因此，该企业开始聚焦效率，着手搭建目标管理体系。同时，该企业也认识到，目标管理不能脱离信息化系统，没有实时的信息化系统，目标就难以被测量和评价，其结果就难以控制。因此，该企业将 PDCA 闭环应用到 BI 系统中，实现了有效的目标管理。下面介绍具体过程。

1. 计划阶段（P）：制订目标

在计划阶段，该企业首先根据集团经营策略，参考市场环境制订战略目标的关键绩效指标。接着，根据往期实际数据，按照图 3-19 所示的目标分解流程在 BI 系统中对当期目标进行逐层地定义和分解，使制订的目标更合理、可达成。图 3-20 所示为其 2020 年经营目标按季度分解后的结果。最后，在指标监控看板中对不同层级目标的完成情况进行比较，并根据完成情况评价各部门和员工的绩效。

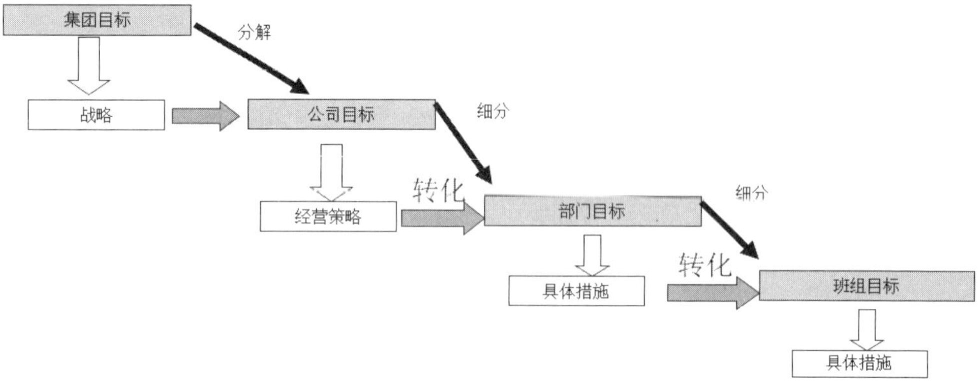

图 3-19　目标分解流程

年份查询：2020

2020经营目标季度分解

年份：2020年　　承诺人：

序号	层面	指标名称	单位	上年实绩	年度目标	1季度目标	2季度目标	3季度目标	4季度目标
1	财务		天						
2	财务		万元						
3	财务		%						
4	运营		天						
5	财务		%						
6	财务		%						
7	客户		万元						
8	财务		万元						
9	学习与成长		万元/人						
10	财务		天						
11	运营		人次						
12	学习与成长		%						
13	运营		‰						
14	运营		%						

图 3-20　BI 系统中分解后的目标

2. 执行阶段（D）：实现状态的监控

在执行阶段，为了让集团以及子公司的管理人员清晰地看到目标的执行情况，IT 部门根据管理层级、所属单位、当前年份等维度监控企业运营的各项指标，并按月份横向展开，呈现指标趋势分析和精益改善效果（如图 3-21 所示）；同时，在集团和各子公司之间做横向的对比分析，以不同背景颜色和字体突出显示完成得好与不好的各项指标数据（如图 3-22 所示）。

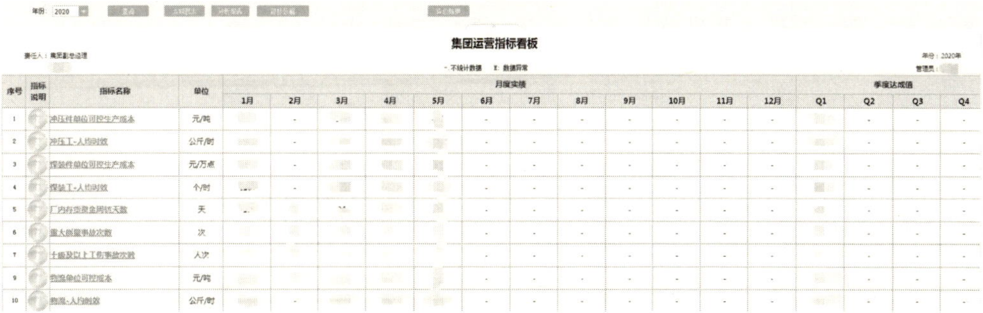

图 3-21 集团运营指标看板

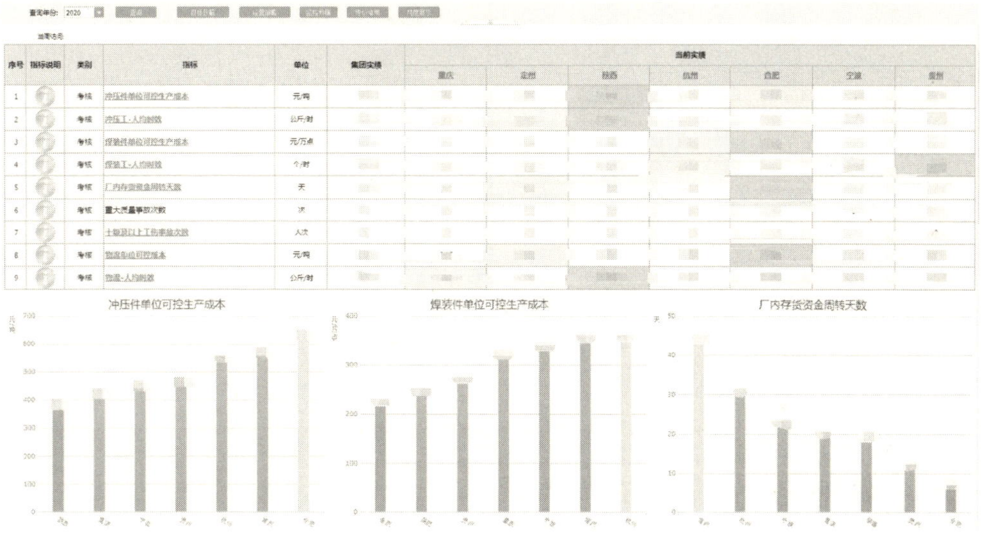

图 3-22 各子公司横向对比

3. 检查阶段（C）：定期复盘与分析

复盘和分析的目的是总结上一阶段工作目标的达成情况，以及调整下一阶段的工作计划，通过关注目标达成进度、问题反馈记录、措施的完成情况，对任务的执行进行全过程管控。这时，经营分析会议的重要性就体现出来了。该企业以往开会时各团队都报喜不报忧，只说好的不说坏的，就算被人指出问题，也会找各种借口搪塞过去。现在不一样，经营分析会议上领导们不再需要听个人汇报，只要打开 BI 系统中的报表（如图 3-23 所示），KPI 达成情况一目了然，会议的重心自然也就转移到分析问题、制订调整策略以及分享成功经验等更有价值的内容上。

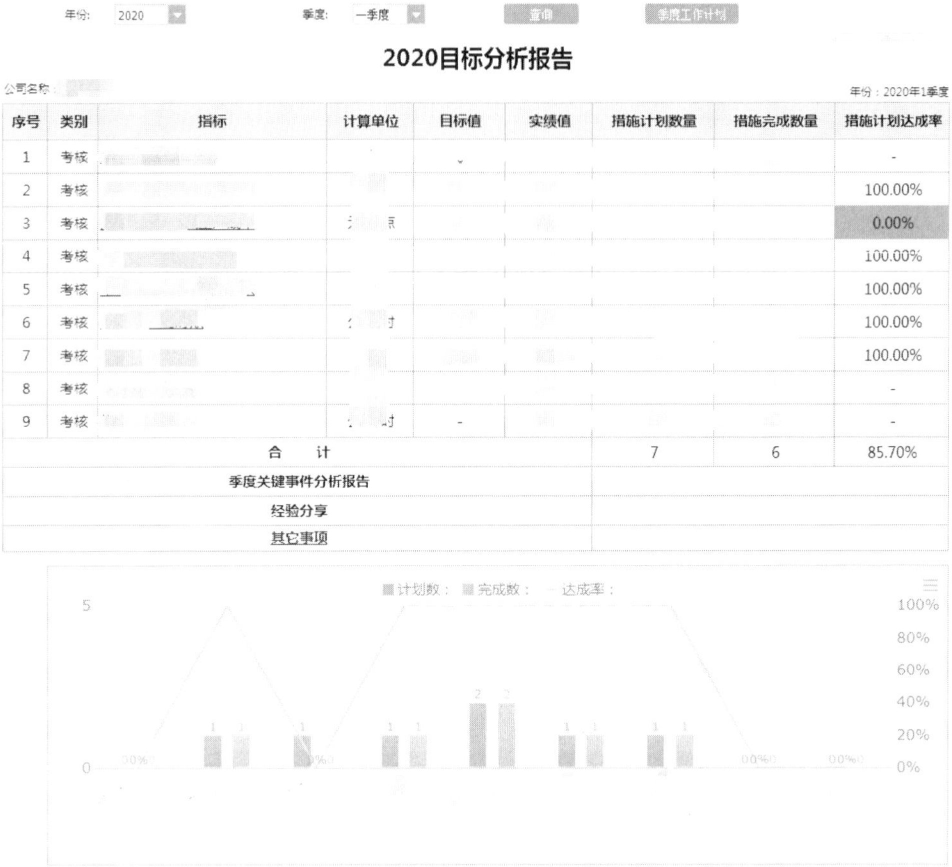

年份：2020 季度：一季度 查询 季度工作计划

2020目标分析报告

公司名称： 年份：2020年1季度

序号	类别	指标	计算单位	目标值	实绩值	措施计划数量	措施完成数量	措施计划达成率
1	考核							-
2	考核							100.00%
3	考核							0.00%
4	考核							100.00%
5	考核							100.00%
6	考核							100.00%
7	考核							100.00%
8	考核							-
9	考核			-				-
合 计						7	6	85.70%
季度关键事件分析报告								
经验分享								
其它事项								

图 3-23 企业 BI 系统中的报表

4. 处理阶段（A）：问题整改与跟踪

最后，该企业还在 BI 系统中开发了图 3-24 所示的“季度改善计划及跟踪”的应用。因为复盘不代表问题被解决，复盘只是开始，更重要的是督促和跟踪整改计划的实施。对于具体的问题，在制订整改计划时，要明确负责人、计划完成时间、实际完成时间以及完成状态等内容，以便落实整改措施。同时，要把相关的措施和经验固化，作为下一个阶段性战略的执行策略。

年份: 2020 季度: 一季度

季度改善计划及跟踪

承诺指标	分项指标	分项目标	季度策略	附件	策略来源	责任部门	责任人	计划完成时间	实际完成时间	分项实绩	措施计划执行情况	对承诺指标贡献度评价
冲压工-人均时效	冲压单位人工费	[illegible]	[illegible]		年度工作计划	冲压车间	[illegible]	2020年3月30日		[illegible]	完成	有贡献
冲压件单位可控生产成本	冲压单位人工费	[illegible]	[illegible]		年度工作计划	冲压车间	[illegible]	2020年3月30日		[illegible]	完成	有贡献
厂内存货资金周转天数	委外产品周转天数	[illegible]	[illegible]		上季度分析	物流部	[illegible]	2020年3月30日		[illegible]	完成	有轻微贡献
重大质量事故次数	重大质量事故次数	[illegible]	[illegible] 确认三期开发进度。		年度工作计划	质量部	[illegible]	2020年3月31日		[illegible]	完成	有轻微贡献
			[illegible] 程、产品实物质量作业要求进行培训。		上季度分析	质量部	[illegible]	2020年1月30日		[illegible]	完成	有贡献
十级及以上工伤事故次数	十级及以上工伤事故次数	[illegible]	[illegible]		年度工作计划	安全体系部	[illegible]	2020年3月31日		[illegible]	完成	有贡献
			[illegible]		年度工作计划	安全体系部	[illegible]	2020年3月31日		[illegible]	完成	有贡献

图 3-24　季度改善计划及跟踪

3.4　团队配合：为业务部门赋能

BI 项目需要多方的共同努力才能成功，因此对各部门的配合有较高要求，尤其是 IT 部门与业务部门的配合。这是一个老生常谈又不得不谈的话题。企业里这两个部门经常互相抱怨，业务部门抱怨 IT 部门不懂业务，做出来一堆没有价值的页面；IT 部门则抱怨业务部门什么都不懂，自己想要什么数据都描述不清楚。图 3-25 总结了双方在配合方面的常见问题。

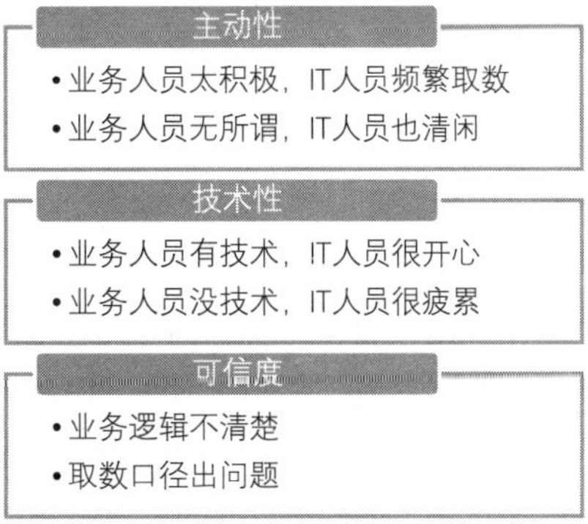

图 3-25　IT 部门和业务部门配合时的常见问题

其实，IT 部门与业务部门的配合好不好，关键就在于项目团队能否对两个部门的关系有明确定位。不论是 BI 项目还是其他信息化项目，都需要 IT 部门和业务部门各司其职、通力合作，按照“IT 人员搭台，业务人员唱戏”的分工去推进。具体来说，IT 人员懂技术，可以为业务人员准备好数据，配置好数据关联，业务人员则根据自身需求进行数据分析。如果让 IT 人员既“搭台”又“唱戏”，或者让业务人员去做“搭台”的事情，那么效率和效果都会大打折扣。但是业务人员要把“戏”唱好，还需要了解搭的是什么“台”，唱的是什么“戏”。这就需要 IT 部门为业务部门赋能。

作为一线部门，业务部门的需求变化很快。IT 部门如何提供有力的支持？一味地被动响应需求肯定不行，被动接受需求的结果要么是需求过多响应不过来，要么是业务部门提不出需求，IT 部门干等，也就无法产生价值。对于 IT 部门来说，解决这一问题的有效方法就是积极主动，拒绝“搬砖”。

锦上添花远不如雪中送炭，在需求过少的情况下，IT 部门可以主动了解业务部门的情况，帮助解决紧急需求，获取业务部门的信任。下面所讲的某药企在线考试系统的例子就是如此。该药企的人力部门准备进行一次人才盘点考试，在准备考题的时候，因缺乏在线考试系统导致进度停滞不前。眼看考试时间将近，在人力部门情绪低迷时，IT 部门得知这个信息，考虑到采购成本与项目时间的问题，利用现有的工具，快速搭建了如图 3-26 所示的在线考试系统，最终在线考试顺利进行。人力部门一直夸 IT 部门雪中送炭。并且，在此之后，很多业务部门的一些临时需求、紧急需求都被 IT 部门快速响应，大家对 IT 部门认可逐渐增强。而 IT 部门在这一过程中增进了对业务逻辑的理解，在推进一些项目的时候，也会充分考虑业务需求，做出更合理的规划和安排。

另一个有效的方法是 IT 人员借助自身技术优势找到主动沟通的切入点。平时 IT 部门做系统监控，更多的是关注 IT 设备的运行状况，或者关注系统或平台的安全状况，都是在保证系统的可用性，为业务运营做好系统支持。其实 BI 平台也面临验证使用效果和改善系统性能的问题。要解决这些问题，得从 BI 平台的使用者，也就是业务人员入手。IT 人员要主动找业务人员沟通，但是要有技巧，事先做一些功课，为沟通做好准备。

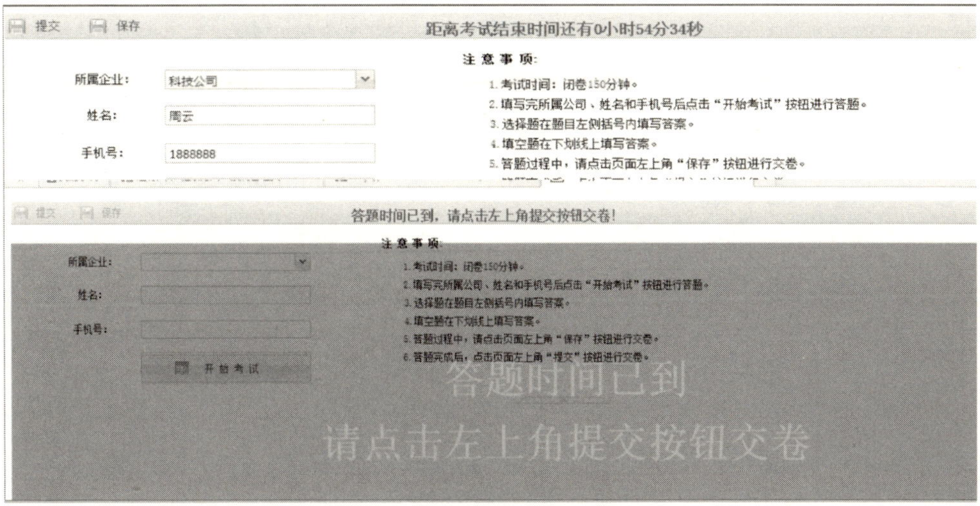

图 3-26　快速搭建的在线考试系统

IT 部门可以根据 BI 平台使用状况的实时分析页面，分析哪些部门、哪些人对哪些页面的访问量比较高，然后找到这些部门和人主动交流，收集反馈，总结经验。此外，也要分析哪些部门、哪些人对哪些页面的访问量比较低，然后针对性地采取措施。重点关注为什么有些部门、有些人对 BI 平台访问量低，并做重点沟通，了解是个人抵触 BI 平台，还是 BI 平台未能满足其需求，从而逐步解决问题。

当需求变多时，IT 部门需要灵活地处理和应对，这时拒绝“搬砖”就显得非常重要了。经常听到 IT 人员自嘲，称自己为“取数机”、“查数菇”，因为在帮助业务部门提取数据上耗费了太多的时间，并且吃力不讨好，最终还体现不出自身的价值。其实，对于提取数据这种类似“搬砖”的活，IT 部门只需要为业务赋能，将需求固化和自动化，例如制作 BI 报表并提供查询接口给业务部门，便能节省大量的时间。如图 3-27 所示，业务自动化的转变在于业务人员需要数据时可以直接自行查询，不用等待 IT 部门的排期就能聚焦于数据分析与处理；IT 部门也可以将时间花在更有价值的需求上，一次开发即可重复使用，还避免了双方在过程中的沟通和理解误差，实现真正的双赢。

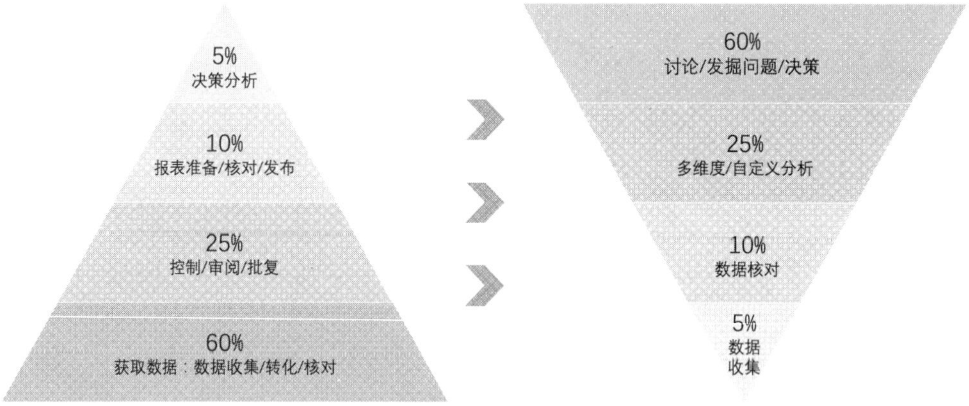

图 3-27　业务自动化前（左图）vs. 业务自动化后（右图）

3.5　高层推动：想办法争取领导支持

企业中有一个很常见的现象，就是 IT 部门经常会受到领导的质疑。比如领导会说“你们 IT 部门就是成本部门”，质问“你们一年花了这么多钱，成果在哪儿？创新在哪儿？”“你们 IT 部门一味在响应业务的需求，你们反哺过业务吗？”诸如此类。有人可能会说，领导质疑便质疑，我做好项目，领导自然会收回这些成见。但是不能忽略的一点是，在 BI 项目（很多项目也都是如此）的建设过程中，高层领导的支持至关重要，在很大程度上决定着 BI 项目能否高效落地。

例如，笔者的客户某轮胎制造企业分析其在信息化方面飞跃式发展，荣获“两化融合”试点的原因时，就表示相当重要的一个内因在于企业领导对信息化、对数据的先进认知。数据是信息资产，也是生产力。该企业的高层意识到，很多生产和业务管理中的隐性问题，是可以通过数据分析和挖掘而发现的。高效利用企业积累的工业数据，可以为客户提供更多的增值服务，还能开拓新的商业模式。

某知名地产企业在地产行业利润整体呈现逐年下滑的趋势下，关注企业利润增长质量，将数据应用提升到集团战略层面，在建设数据决策平台时，确定对内精细化运营、辅助决策，对外价值变现的两个方向，最终实现新的增长。

可以看到，高层领导的支持能够让企业全员上下一心，使 BI 项目事半功倍。那么面对领导的质疑，项目团队如何才能打破成见，获取支持呢？笔者总结了以下 3 点：

1. 站在领导视角看问题

要获取领导的支持，首先需要明白领导是怎么想的，也就是站在领导的视角看问题。领导所关心的问题不外乎发生了什么、怎么得出的结论，以及价值如何衡量等。那么，IT 部门在向领导请求支持时就可以从这几点出发，告诉领导当前企业中发生了什么，是怎么发现的，引出需要建设 BI 项目的结论，再介绍 BI 项目的价值以及价值衡量方式。这样领导很快就能了解到他们想要的信息，自然也就更容易为项目提供支持。第 1 章提到的某时装企业 BOSS 交互屏便是一个很好的例子。领导直接在交互屏上查看门店信息，不用打电话索要业务和财务数据，他自己都用着方便，自然会支持继续推进 BI 项目。还有某医药集团也是如此，直接在老板的办公桌上加了一台电脑，把他最关心的一些指标放在一个页面上，并且从不关机。老板及时掌握公司动态后，确实发现了管理上的很多问题，后续 BI 项目的推进顺利了不少。

2. 用领导听得懂的话做好项目汇报

做项目汇报也是赢得领导关注的好机会。一个好的项目汇报应该关注企业战略和领导意图，并清晰总结项目价值（也即将其量化）。在汇报的时候，切忌一股脑儿背诵工作日志，而要言之有物。有一点必须了解，其实领导在听汇报时关注的重点仍然是价值、进度和资源等方面。

- 首先领导肯定希望了解项目的内容，现在有什么价值，这是判断后续是否继续投入人力和资金的重要决策因素。而且项目带来的价值最好是与企业发展战略契合的，并且是可量化的，例如提高了多少生产效率，节省了多少人力，带来了多少的销售额等。

- 了解项目价值后，领导会根据当前的项目进度和风险去评估项目能不能及时上线，有没有一些意外情况，各部门是否能够正常推进等。

- 最后是资源，如果现有的资源不能支撑项目的进行，那么便就需要领导介入，帮助项目团队协调资源。同样，你得说服领导，而用来说服领导的法宝仍在于项目价值，由此可见对价值的总结和量化十分重要。

3. 世界那么大，多带领导去看看

市场上永远不乏在信息化建设上敢于创新的企业，如果担心自己讲不出 BI 项目的价值，无法说服领导，那么不妨带领导走出去看看，去兄弟单位取经，去行业会议上与同行交流，同时也能扩展自己的项目思路。还是来自笔者客户的案例，某制造企业 CIO 规划了 BI 财务分析项目交由 CFO 拍板，但是 CFO 觉得没有必要建设 BI 项目。一次偶然的机会，该制造企业 CIO 带着 CFO 参观兄弟企业，看到了 BI 项目建设成果。参观结束后 CFO 马上认可了 BI 的价值，并为 IT 部门提供了大量的资源支持。原因很简单，该兄弟企业的 CFO 现身说法，并且在业务层面与这家制造企业的 CFO 更有共鸣，站在相同的角度，说出的话自然更具有说服力。当然，这里说的行业会议指的是真正交流和解决问题的大会，而不是一堆软件公司宣传自己产品的大会。

另外，对于 BI 项目，除了和 BI 厂商沟通外，也要去厂商的客户企业看看，最好是同行业的、典型的客户企业，多去几家，这样才能让领导知道自己的 BI 项目能做成什么样，做到心里有底。

3.6 MVP 与数据文化：在企业内部推广 BI 项目

前面说过，失败的 IT 项目通常有一个问题，上线后没有在企业内部推广，这里的推广可以理解为在 BI 项目开始前就找到合适的切入点，规划好推广路径，以及项目结项后在企业内部扩大项目的影响力。关于项目推广的原则，根据笔者的经验可以总结为 8 个字：点线结合，稳步推进。

这里的点指的是试点，点线结合指的是选择重点模块作为试点（速赢项目），再根据试点的经验和教训，向其他职能部门推广 BI 项目，从而连成一条线，这一点第

2 章在介绍 BI 项目规划时已经有所提及。稳步推进指的是由于各业务系统的重点分析内容及信息化程度各有不同，建议各业务系统和 BI 项目的建设以相互促进的方式进行。从整体来看，点线结合、稳步推进的做法能够有效控制风险，不断验证。本节将重点介绍试点的选取，以及企业内部的 BI 项目推广与数据文化建设。

1．试点的选取：MVP 的思路

MVP 是 Eric Ries 在《精益创业》一书中提出的概念，书中对 MVP 的解释为“最轻量级的可行性产品（Minimum Viable Product）”。放在 BI 项目中，MVP 可以理解为某一业务主题甚至是某一业务指标的分析，小到可以仅仅是一张报表。MVP 的作用在于为 BI 项目提供一个好的切入点。如 MVP 获得成功也就意味着项目后续可以快速复制和推广，这也是 BI 项目快速实现并扩大价值的有效途径。

不过需要注意的是，MVP 有两层含义，即轻量和可行，相比轻量，可行更加重要。因此，BI 项目中试点 MVP 要选择配合度高、难度低、痛点明显的，也就是项目风险小，但产出较大的项目。这样才能更具说服力，充分发挥 MVP 的价值。

我们来看一个大型集团的例子。该大型集团由于拥有众多子公司，每月的财务总结对 IT 部门和财务部门而言都是一项艰巨的任务。因此，该集团决定 BI 项目的建设首先从财务模块入手。财务综合分析模块首先在 BI 平台上线，帮助 IT 部门和财务部门解决了数据处理的工作量问题：

- IT 人员无须再为财务部门频繁变动的报表需求进行重复的开发工作，只需通过平台的数据包功能，将来自各个业务系统的数据做成数据包，配置好不同的权限就可以了。
- 财务人员也无须用 Excel 进行复杂的数据处理和分析，只需要对平台上的数据包进行简单拖曳操作，就可以生成形式多样的图表模板。

这个模块上线后，财务人员几乎不需要再花时间进行数据处理，有更多的精力关注数据内在的价值。

在业务价值的层面，财务综合分析模块帮助集团总部财务人员及时发现并跟踪财务数据异常情况，排查局部的运营问题并及时纠正，降成本，增效率。以成本监控为例，根据预先配置好的数据模板，财务综合分析模块能够在第一时间将各子公司上报的财务数据生成成本报表，财务人员则可以通过可视化图表，对不同区域、不同机构、不同的成本项数据进行层层钻取查看，对各个机构的成本情况进行同比、环比或者横向对比等多维度的分析，而且一旦发现异常波动和偏差，模块也能够发出警告。

有时候子公司刚刚完成数据上报，几分钟后集团总部财务人员的电话可能就打过来了，告知数据哪里出现了偏差，询问为什么成本较上个月出现这么大的波动。集团总部总能第一时间发现问题，追踪问题，财务数据分析成为精确掌握公司运营动态的有效手段。这就是财务综合分析模块提供的价值。

由于 BI 平台带来了巨大的价值，集团总部财务部门主动牵头，启动了对各分/子公司财务部门的 BI 平台培训，让平台真正服务于集团的所有财务人员，为集团财务转型积累能量。

2. 项目在企业内部的推广与数据文化建设

在企业内部，项目的推广模式有自上而下和自下而上两种。自上而下是指请领导层先使用 BI 项目开发的功能，然后逐步向下级部门推广，适用于数据比较集中且质量比较好的企业；自下而上则是指由基层部门先开始使用，进而推广到上级部门，适合数据比较分散的企业。和 MVP 原则类似，都是先做好一个试点，大家认可之后，再做好其他的点。项目推广的具体方法有举办项目结项会或庆功会等，项目团队也可以带着项目积极参加体系内的大赛，为项目背书等。

除了内部的推广，建设企业数据文化也是扩大 BI 项目影响力的一个有效措施。企业内部的文化环境是构建企业数据分析生态系统的阳光和雨露。只有企业上下形成用数据说话的意识，同时为每个员工赋能，提升员工的数据素养，才能使 BI 项目发挥活力，持续为企业带来价值。

数据文化的建设主要是培养一种氛围，具体的表现形式有很多，IT 部门要有意识地引导。例如企业在召开经营分析会议时，IT 部门可以通过主动使用更多数据报表引导讨论，让大家在讨论业务问题时，养成基于数据分析、没有数据不做讨论的习惯。另外，IT 部门还可以开展进阶的数据分析专题培训，例如数据分析思维、仪表板设计布局、用数据讲故事等；以及组织企业内部的数据可视化大赛、职业资格认证考试，例如 FCBA（帆软认证资深报表工程师）、FCBP（帆软认证资深 BI 工程师）等，不断营造和丰富企业的数据分析文化，使企业朝着人人都能用数据讲故事、人人都是数据分析师的目标迈进。

3.7 安全策略：保障 BI 系统安全

BI 系统要持续正常地运行，除了性能稳定、不宕机、不出故障外，还需要保障其信息安全。信息安全是一种状态，指系统的硬件、软件及其中的信息受到保护，能持续正常地运行和服务。实现信息安全的本质就是保护计算机硬件、软件、数据不因偶然的或恶意的原因而遭到破坏、更改和泄露。我们监测到的信息安全事件只是冰山一角，新型病毒传染、网络黑客攻击、企业内部泄密等很多安全事故可能在发生很久之后才会被发现。

在外部安全环境形势越来越严峻的背景下，越来越多的企业开始重视自身信息系统的安全。对于以企业数据作为"血液"来维持运转的 BI 项目，安全更是重中之重。然而信息系统的安全不是有了安全防护软硬件就万无一失的。导致安全问题的原因，还包括 BI 工具自身的配置或漏洞、企业内部安全意识不足等，更重要的一点是缺乏完善的 BI 系统安全策略。这也是为什么我们将 BI 系统安全策略放在本章来讲，一方面，信息安全是影响 BI 项目成功的一项关键要素，是 BI 系统持续正常运行的前提；另一方面，信息安全本身也需要有完善的策略来保障。

因此，企业的 BI 系统安全需要用完善的安全策略引导，做好基本的安全宣传，采取内外网隔离，以及安装相关安全防护软硬件等措施。在采购 BI 工具时，对安全性也应提出更高要求（采购 OA、ERP、CRM 等系统也是如此），例如必须修复已知的安全漏洞，提供第三方权威机构的安全扫描检测报告，要求供应商在账户安全、数据安全、运营安全等方面提供完备的解决方案等。

针对不同安全防护等级，BI 系统应该具有基本安全防护能力，这是对系统安全的基本要求。根据实现方式，对安全的基本要求可以分为两类：技术类和管理类。对应于基本要求，企业 BI 系统安全整体策略也可以分为技术安全策略和安全管理策略两类，如图 3-28 所示，下面将逐一展开介绍。

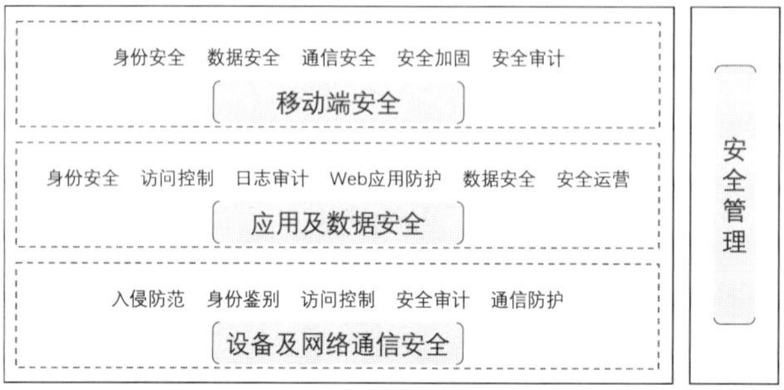

图 3-28 企业 BI 系统安全整体策略

3.7.1 技术安全策略

技术安全策略与 BI 系统提供的技术安全机制有关，主要通过在 BI 系统中部署软硬件并正确地配置其安全功能来实现，这也是 BI 系统所必备的安全能力。为了便于理解，我们从设备及网络通信安全、应用及数据安全、移动端安全等 3 个方面解读和阐述技术安全策略。

1. 设备及网络通信安全策略

表 3-3 和表 3-4 总结了设备及网络通信安全策略对应的具体措施。

表 3-3 设备安全策略对应的具体措施

措　施	描　述
入侵防范	• 对 BI 应用服务器进行安全加固，能够检测到入侵行为，记录入侵的 IP 地址、攻击类型、攻击目的、攻击时间等关键信息，并在发生严重入侵事件时发送警报。 • 为 BI 应用服务器安装防恶意代码软件，并及时更新防恶意代码软件和恶意代码库

续表

措　施	描　述
身份鉴别	• 对登录 BI 应用服务器操作系统的用户进行身份鉴别。 • 登录失败后实施必要的限制措施，如结束会话、限制非法登录次数和自动退出等。 • 对服务器远程管理采取必要措施，防止身份鉴别信息在网络传输过程中被监听。 • 为登录 BI 应用服务器操作系统的不同用户分配不同的用户名，同时采用两种或两种以上组合的鉴别技术对用户身份进行鉴别
访问控制	• 对 BI 应用服务器的用户进行访问控制，控制其对资源的访问。 • 及时删除多余、过期的账户，避免出现共享账户。 • 对允许登录服务器的终端进行条件限制（例如限制 IP 地址、MAC 地址以及硬件等）
安全审计	• 审计范围应覆盖协同管理软件的服务器和重要客户端上的每个操作系统用户和数据库用户。 • 审计内容应包括重要用户行为、系统资源的异常使用和重要系统命令的使用等系统内重要的安全相关事件。 • 应保护审计记录，避免被非预期地删除、修改或覆盖等

表 3-4　网络通信安全策略对应的具体措施

措　施	描　述
网络设备防护	• 对登录网络设备的用户进行身份鉴别，而且用户的标识应唯一，具有不易被冒用的特点。 • 主要网络设备应有两种及以上的身份鉴别技术。 • 设置防暴力破解功能，比如，登录失败则结束会话，限制非法登录次数，一旦网络登录连接超时就自动退出等措施。 • 限制网络设备管理员的登录地址
网络边界安全	• 在网络边界部署访问控制设备，启用访问控制功能。 • 在网络边界处监视以下攻击行为：端口扫描、木马后门攻击、拒绝服务攻击、缓冲区溢出攻击、IP 地址碎片攻击和网络蠕虫攻击等。 • 能够对边界进行完整性检查，有效阻断内网用户私自访问外网和非授权用户私自访问内网
安全审计	• 用日志记录系统中的网络设备运行状况、网络流量、用户行为等。 • 审计记录应包括：事件的日期和时间、用户、事件类型、事件是否成功及其他与审计相关的信息。 • 能够根据日志记录数据进行分析，并生成审计报表。 • 对审计记录进行保护，避免被非预期地删除、修改或覆盖等
HTTPS 通信	• 经由 HTTPS 通信，利用 SSL/TLS 加密数据包，防止从外部获取网站账户及隐私信息。 • HTTPS 服务端证书可提供网站服务器的身份认证，用于验证站点所有者身份，保护交换数据的隐私及完整性。 • HTTPS 客户端证书可提供客户端身份标识的认证，用于识别客户端或用户的身份，向服务器验证，精准确定访问者身份。 • 服务端、客户端双向认证，避免匿名通信，确保通信双方身份一致，彼此信任

2. 应用及数据安全策略

BI 系统应提供身份安全、访问控制、日志审计等安全机制来保护账户安全，防止未授权的用户进行操作，还要保障应用安全、数据安全和运维安全。

（1）身份安全。身份安全用于鉴别登录用户的真实身份，可以使用“用户名+静态密码”的方式。在认证方式上，BI 系统需要支持使用 LDAP/AD 或 HTTP 认证，以及支持通过二次开发编写接口，实现其他认证方式，如 ADFS（活动目录联合服务）。有的 BI 产品如 FineBI，除提供以上具体安全策略外，还能在用户登录时提示上次登录地，而且支持单点登录，开启登录验证码后，将在用户名和密码之外再增加一层安全防护。

（2）访问控制。为了保证信息和资源访问的安全，防止对任何资源进行未授权的访问，使系统在合法的范围内被使用，访问控制是一项必不可少的技术，也是保护网络信息安全最核心的策略之一。BI 系统可采用 OBAC 模型（Object-based Access Control Model，基于对象的访问控制模型）。OBAC 模型的核心是控制策略和规则，它能够将访问控制列表与受控对象或受控对象的属性相关联，并将访问控制选项设计为用户、组或角色及其对应权限的集合；同时，允许对策略和规则进行重用、继承和派生操作，从信息系统的数据变化和用户需求出发，有效地解决用户数量多、数据种类多、资源更新变化频繁带来的系统安全管理难以维护的问题。

（3）应用安全。XSS 跨站脚本攻击、木马攻击、SQL 注入、CC（Challenge Collapsar）攻击等都是 Web 应用常见的安全问题，如果服务器端没有进行适当的处理，极易引起用户敏感数据泄露、系统瘫痪之类的问题。对于这些常见的 OWASP（开放式 Web 应用程序安全项目）攻击，BI 系统应进行充分防范。这里总结了一些常见应用安全防护策略，如表 3-5 所示。

表 3-5 常见应用安全防护策略

策　略	详细说明/意义
访问频率限制	限制同一 IP 地址在一定时间内的访问次数，可以有效降低遭受爬虫爬取数据、恶意访问以及 CC 攻击的风险

续表

策　　略	详细说明/意义
给请求头附加 security headers 系列属性	可针对 XSS 跨站脚本攻击、点击劫持、内容嗅探等攻击方式进行有效防护，保障应用的安全与可用性
对上传的文件进行二进制头校验	防止对有风险的文件通过更改后缀名等方式伪装后上传
使用 token 验证替代 cookie 验证	对于 CSRF（Cross-Site Request Forgery，跨站脚本伪造），系统使用 token 验证替代了 cookie 验证，如果请求中没有 token 或 token 内容不对，则无法访问
禁用特殊关键字及字符转义	防止 SQL 注入
后台日志输出控制	防止系统运行异常导致堆栈泄露有关代码，避免向前台输出异常堆栈、输出敏感信息。例如对 401、404 和 500 错误进行处理，避免泄露中间件类型和版本信息

（4）数据安全。不管是计算机病毒传播还是黑客入侵，都属于人为因素的安全威胁，而这一类威胁以企业内部人员及商业间谍对信息安全的影响最大。人为因素的安全威胁很难识别，因此对数据本身的防护就显得尤为重要，目的是阻断人为因素或减小人为因素带来的不利影响。表 3-6 列出了主要的数据安全防护策略。

表 3-6　数据安全防护策略

分　　类	防护策略	详细说明/意义
底层防护	支持 HTTPS	支持用户自行配置 HTTPS 访问，增加第三方监听、拦截和破解信息的难度
	密码加密存储	所有的用户密码都采用 SHA256 算法加密，管理员也无法获取。连接其他系统的密码采用 RSA（2048 位）非对称加密，每个系统可以自行设置加密密钥，保障密码安全
	分配数据连接权限	通过分配数据连接的权限，确保用户只能看到及使用自己有权限的数据连接
	配置信息安全	配置信息不以文件形式存储，而是存储到数据库中，并能够外置到指定的数据库，确保配置信息不被泄露
	SQL 日志	对所有的数据操作提供监控功能，执行的 SQL 语句都将被记录在日志中，数据改动有迹可循
前端防护	禁止通过 URL 直接访问	对非登录用户访问系统资源也进行监控，开启限制后，非登录用户无法访问后台资源，解决用户担忧外网开启后会有非授权用户通过 URL 访问系统的问题
	资源权限	对报表模板、分析结果和系统设置访问或编辑的权限，比如不同用户访问同一报表会显示不同数据
	操作权限	对报表或分析结果的打印、导出或数据录入设置权限，比如只有特定角色才可以导出 Excel 文件

续表

分　类	防护策略	详细说明/意义
	安全水印	在访问报表等页面时，在顶层显示水印，以达到震慑及溯源的目的，提高泄密成本，降低泄密风险。水印可设置为访问 IP 地址、访问人、访问时间等信息的组合

（5）运维安全。运维安全包括审计日志、备份还原等。审计日志可以帮助审计人员对风险或违规操作进行审计，也可以帮助理解和诊断安全状况。日志审计策略如表 3-7 所示。此外，BI 系统还应具备备份与还原的功能，确保系统发生故障或被恶意更改后可恢复。

表 3-7　日志审计策略

面向的角色	策　略
管理员	记录管理员修改系统设置、对用户进行增/删/改、对资源目录进行增/删/改和对权限进行增/删/改等行为，记录的信息包括操作时间、操作的 IP 地址、操作模块、设置项、被访问的资源和操作类型等
用户	记录普通用户登录日志以及在系统中的行为日志，包括访问记录、资源导出/打印记录，记录的信息包括操作时间、操作的 IP 地址、被访问的资源、操作类型和详情等

3. 移动端安全策略

如今是移动互联网时代，移动端安全也是 BI 系统安全防护的重中之重，一般通过身份安全、数据安全、客户端运行安全、网络通信安全、安全审计等来保障移动端安全。

（1）身份安全。BI 系统应该对登录用户身份的唯一性进行标识和鉴别，针对终端常见的攻击手段提供相应的安全防护策略。常见的身份安全防护策略见表 3-8。

表 3-8　常见身份安全防护策略

防护策略	详细说明/意义
手势密码登录	除常规的“账号+密码”登录方式外，还可以设置手势密码来加强身份鉴别
登录验证	登录时除需要账号（用户名）和密码外，还需要与账号相匹配的动态验证码，保障账号信息安全，有效防止暴力破解
设备绑定	通过设备绑定功能，对登录的设备进行授权绑定后，该账号只能在指定设备上登录，设备更换或遗失时，管理员也可以及时解除原有绑定，避免安全隐患

（2）数据安全。移动端的数据安全涉及两个方面的内容：授权体系的设计和客户端本地数据的安全管理。在保障客户端本地数据安全时，主要关注本地文件内容和本地日志内容的安全。其中，本地文件内容安全要求企业对敏感数据，如用户名、密码等，加密存储；本地日志内容安全要求企业限制本地日志输出级别，确保本地日志中不存在敏感信息。

（3）客户端运行安全。保障客户端运行安全，核心是对 Activity 的劫持保护。移动端对于重要页面要有提示功能，如发现登录页 Activity 被劫持，应弹出提示，防止被恶意攻击者替换为仿冒的恶意 Activity 界面进行攻击和用作非法活动。

（4）网络通信安全。移动端的网络通信安全策略主要包含 HTTPS 数据安全传输、支持 VPN，以及内外网隔离等，表 3-9 中做了总结和说明。

表 3-9　移动端网络通信安全防护策略

策　　略	详细说明/意义
HTTPS 数据安全传输	经由 HTTPS 进行通信，利用 SSL/TLS 加密数据包，防止从外部获取网站账户及隐私信息
支持 VPN	通过 VPN 建立与企业内网的可信安全连接，解决用户远程接入过程中终端、接入、链路等环节的安全问题
内外网隔离	通过代理配置实现移动端外网访问，实现内外网隔离

（5）安全审计。安全审计是通过日志实现的，日志会记录用户行为，包括用户行为发生的日期和时间、用户名、事件类型等。日志信息应区分用户行为是发生在移动端还是 PC 端，并根据记录的数据进行分析，生成审计报表。

3.7.2　安全管理策略

相比于技术上的漏洞，人们往往更容易忽略安全管理工作中的风险，这部分风险可能造成的危害并不亚于前者。因此，要在企业内加强信息安全教育，培养安全意识，完善安全管理策略，从源头保障 BI 系统的安全。安全管理策略与 BI 系统中各种角色参与的活动有关，要通过制订政策、制度、规范、流程以及做记录，控制各种角色的活动。下面介绍一些具体的安全管理措施。当然，很多措施不只对 BI 系统有用，对于企业的整体信息安全都是非常有必要的。

1. 设立信息安全管理部门

企业应设立负责信息安全管理的职能部门，设立安全主管、系统管理员、安全管理员和网络管理员等负责人，并制订文件，明确安全管理部门及各负责人的职责；根据各个部门和岗位的职责进行授权或分级授权，并定期审查授权情况。另外，企业需要加强各管理人员、内部组织机构及安全职能部门之间的合作和沟通，同时加强与 BI 厂商、专业安全公司、安全组织的合作和沟通，以应对各类突发安全状况，协作处理信息安全问题。对于 BI 系统，企业可以配备专职（不可兼任）的安全管理员，而且关键事务性岗位应配备多人共同管理。安全管理员应定期检查 BI 系统的安全状况，包括日常运行状况、系统漏洞和数据备份等，并写成安全检查报告。

2. 人员安全管理

企业聘用关键岗位人员前应进行背景核查，包括个人身份与履历的核查，聘用后需要与其签订保密协议。企业还要建立安全培训制度，定期对所有工作人员进行信息安全培训，提高全员的信息安全意识。在关键岗位人员离岗时，企业应严格执行规范的离岗流程，及时终止离岗员工权限，关键岗位人员承诺调离岗位后的保密义务方可离开。另外，外部人员访问企业 BI 系统须事先提出书面申请，批准后在专人陪同或监督下使用，并登记备案。

3. 访问控制管理

访问控制管理的核心是建立 BI 系统的访问权限管理制度。安全管理部门应根据人员职责分配不同的系统权限（满足工作需要的最小权限），而且未明确允许的权限一律禁止使用。此外，安全管理部门还需要定期检查，如发现不恰当的权限设置应及时调整。

4. 设施安全管理

企业中的设施种类非常多，管理起来相对麻烦，需要为不同的设施类别配备专门管理人员进行规范的管理。例如，由专门的部门或人员定期对机房供/配电、空调、温/湿度控制等设施维护和管理；为信息系统相关设备、线路等指定专门的部门或人员，定期维护和管理；对终端计算机、工作站、便携机、系统和网络等设备的操作和使用进行规范的管理，按操作规程进行主要设备（包括备份和冗余设备）的启动/停止、加电/断电等操作。同时，安全管理部门应根据安全等级和涉密范围，对人员出入采取必要的技术与行政措施进行控制，对人员进出的时间及进入理由进行登记，并且要确保经过审批后才能将信息处理设备带离机房或办公地点。

5. 网络和系统安全管理

安全管理部门应定期对网络和系统进行安全扫描和渗透测试，及时修补发现的安全漏洞；应对计算机病毒等恶意代码进行预防和检测，并在系统被破坏后及时恢复；应保证与所有外部设备的连接均得到了授权或允许；应依据操作手册对系统进行维护，详细记录系统操作日志，包括重要的日常操作、运行/维护情况、参数的设置和修改等，严禁进行未经授权的操作，并定期分析系统操作日志和审计数据，以便及时发现异常情况。

6. 备份与恢复管理

首先，安全管理部门应识别需要定期备份的重要业务信息、系统数据及软件系统等。接着，建立数据备份与恢复相关的安全管理制度，对信息的备份方式、备份频度、存储介质和保存期等进行规范。然后，根据数据的重要性和数据对系统运行的影响，制订数据的备份策略和恢复策略，备份策略须指明备份数据的放置场所、文件命名规则、介质替换频率和将数据离站运输的方法，还须建立控制数据备份和恢复过程的流程。最后，根据制度、策略及流程定期执行备份过程或按需执行恢复过程。备份过程要有记录，所有文件和记录应妥善保存。执行恢复程序时，应检查和测试备份介质的有效性，确保可以在恢复程序规定的时间内完成备份的恢复。

7. 应急预案管理

安全管理部门应在统一的应急预案框架下制订不同事件的应急预案。应急预案框架一般包括启动应急预案的条件、应急处理流程、系统恢复流程、事后教育和培训等内容。并且，企业需要从人力、设备、技术和财务等方面确保应急预案的执行有足够的资源保障，同时定期根据实际情况更新应急预案并开展应急演练。

3.7.3 典型安全防护场景

本节我们介绍一些典型的安全防护场景，包括恶意访问防护、账户安全设置及防止数据泄露等。

1. 恶意访问防护

随着“大数据”大热，“爬虫”也渐渐为人所熟知，对于企业而言，数据被爬虫爬取后可能引发很大危害。曾发生过这样的事，多家航空公司的低价机票数据被爬虫提取出来，然后这些机票被加价出售，对航空公司造成非常大的干扰，也扰乱了市场秩序。而且，和 CC 攻击一样，由于爬虫爬取数据时对服务器发送大量请求，会导致服务器压力过大，影响业务人员的正常使用系统，甚至导致服务器宕机。

常规的反爬虫技术包括控制访问频率、使用代理 IP 地址池、抓包、验证码的 OCR（光学字符识别）处理等。其中，控制访问频率是非常有效的一种手段，通过限制单 IP 地址一段时间内访问数据的次数，可以有效遏制爬虫爬取数据。某些 BI 工具就提供了控制访问频率的功能，开启后，可以对单 IP 地址一定时间内的访问次数进行监控，一旦超出次数则将该地址拉入黑名单，无法再访问网站资源，可有效缓解异常访问、爬虫取数和 CC 攻击的情况。

2. 账户安全设置

账户安全正成为威胁企业信息系统安全的重要因素。比如，很多用户设置的密码过于简单或者在多个平台使用同一个密码，并且没有定期改密码的习惯，这就给很多不法分子以可乘之机，只要通过简单的遍历操作，或者通过用户在其他平台上的账户和密码，就可以破解其企业账户，然后盗取大量重要信息，给企业带来不可挽回的巨大损失。

一些安全保密等级强的企业，例如制造型外企，有很强的账户安全意识，但是目前只能通过下发文件和管理层督促的手段来推动账户安全策略的实施。这种传统的方式不仅消耗大量人力，效果也常常不明显，最终不了了之。

具体到 BI 系统上也是如此，为了解决密码安全问题，大部分 BI 工具都提供了完善的强密码策略，包括：

- 增加 5 项密码强度限制选项，管理员可设定密码复杂度限制，如果用户的密码强度不满足要求，在登录系统时会强制其修改密码。
- 提供定期修改密码的选项，到规定时间就提示用户修改密码，且新旧密码不允许相同。
- 开启修改密码校验，需要通过短信/邮箱验证才能修改密码。

同时为了防止账户被盗用或被暴力破解，部分 BI 工具也提供了防暴力破解策略，包括：

- 设置登录失败次数上限，若超过则锁定账户或 IP 地址一段时间，可由管理员解锁。
- 提供滑块、短信、邮箱等 3 种登录验证方式，确保账户不被盗用。

3. 防止数据泄露

现在企业每天会产生大量的线上数据，防止数据泄露也是信息安全的重点。据调查机构资料显示，企业面临的数据泄露威胁，不光来自外部的入侵，还来自内部员工有意无意的泄露行为，堡垒都是从内部攻破的。

水印是一种防止数据泄露的有效方式，当内部员工截图或者导出数据时，既可以提醒该员工，这是保密资料，禁止外传，也可以起到震慑的作用。万一有员工将带有水印的资料泄露出去，企业能通过水印追查责任人和泄露源。

本章从数据、人、工具、方法等层面总结和介绍了 BI 项目成功运营的技巧。企业能否充分发挥 BI 项目的价值，持续扩大 BI 项目的成果，关键就在于能否基于数据、模型、工具及方法等要素，充分发挥项目人员的主观能动性。可以将 BI 项目负责人分为三类，三流的项目负责人只会从技术角度关注 BI 项目能否实现功能，二流的项目负责人会关注业务，关注 BI 项目是否符合业务逻辑，而一流的项目负责人会从全局把控，关注业务背后的目标、价值和落地点等内容，实现 BI 项目和企业战略及业务策略的统一。BI 项目能否成功，其实考察的是项目负责人的思维方式和格局。

第 4 章

典型 BI 功能应用

建设 BI 项目时一定要针对应用场景，解决业务或管理工作上的痛点，这是项目成功的关键。BI 在企业中的应用分功能应用和业务应用两类，功能应用源于企业对某些特定 BI 功能的需求，例如企业有在大屏和移动端等终端分析、展示数据的需求，有业务人员自己分析数据的需求等。本章介绍数据大屏、移动应用及自助分析等三大典型 BI 功能应用。

4.1 数据大屏

在很多电影，特别是科幻电影中，经常能看到人们站在一块巨大的屏幕前，用手不停地指点、拖曳、开合，屏幕中的图表和数据随着手的动作相应地变化，然后操作者会根据屏幕上的信息汇报工作或指挥军队、调度资源等。这类场景往往给人带来震撼的视觉冲击，这其实就是数据大屏的应用。

关于数据大屏，更专业的说法是大屏数据可视化，它也是可视化的一种，以大屏为数据展示的载体，特点是“面积大、动效炫酷、色彩丰富”。数据大屏的优势在于能提供更直观的信息，并支持动态交互。

4.1.1 数据大屏与管理驾驶舱

数据大屏（有时也简称为大屏）一般是指大屏这一载体，大屏中的内容更多时候被称为“管理驾驶舱”（也可简称为驾驶舱）。管理驾驶舱是一个为管理层提供的一站式决策支持的管理信息中心系统。企业高层在管理驾驶舱里可以看到做决策时需要的所有重要数据。就像飞机上的仪表板一样，管理驾驶舱以虚拟驾驶舱的形式，用各种常见的图表形象展示企业运营的关键性能指标（KPI），直观地监测企业运营情况，并且可以对异常指标进行预警和分析。一般来说，管理驾驶舱可以分为战略型驾驶舱、操作型驾驶舱和分析型驾驶舱等三类。

1. 战略型驾驶舱

战略型驾驶舱的作用主要是让使用者快速掌握企业的运营情况，并据此快速做出决策，总结过去的经营情况或拟定未来的战略目标。这里的运营情况主要是过去已经发生的情况，因此战略型驾驶舱不需要展示实时数据，仅需要简洁展示关键任务的信息（如图 4-1 所示），这些直观的信息有助于管理人员迅速决策，定位和诊断出运营中存在的问题。

战略型驾驶舱主要面向企业总经理、CEO、CFO 等高层管理者，能够随时同步数据，保证部门和企业在正确的方向上朝着目标努力。类似于汽车和飞机的驾驶舱工具，战略型驾驶舱让管理人员在任何时候都能清楚地知道，自己的部门和企业走到了哪一步，并且能专注于又快又稳地到达目的地。

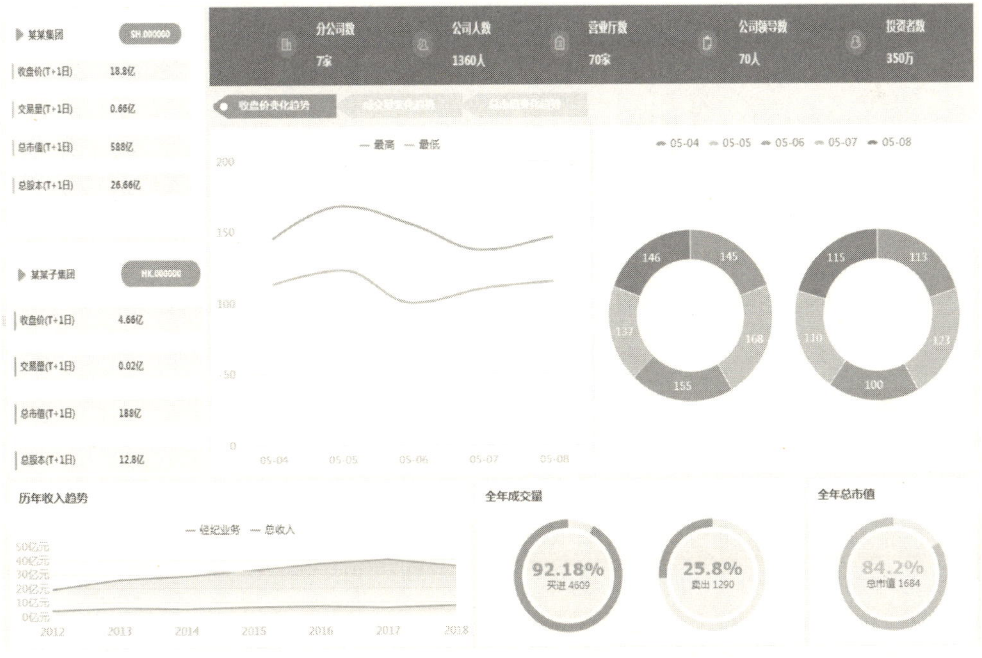

图 4-1　战略型驾驶舱：某上市公司年度计划

2. 操作型驾驶舱

操作型驾驶舱强调持续地汇报实时信息，因而对数据的时效性要求较高，用于监控企业每日生产进度和产出，以保证实际达成的业绩与预期计划相符，也就是保证战略目标分解到每一天后的完成度。操作型驾驶舱提供的信息，使小问题演变成棘手的大风险之前及时被发现和解决，并有助于递增地提高业绩。图 4-2 所示的就是一个监控生产车间运行情况的操作型驾驶舱。

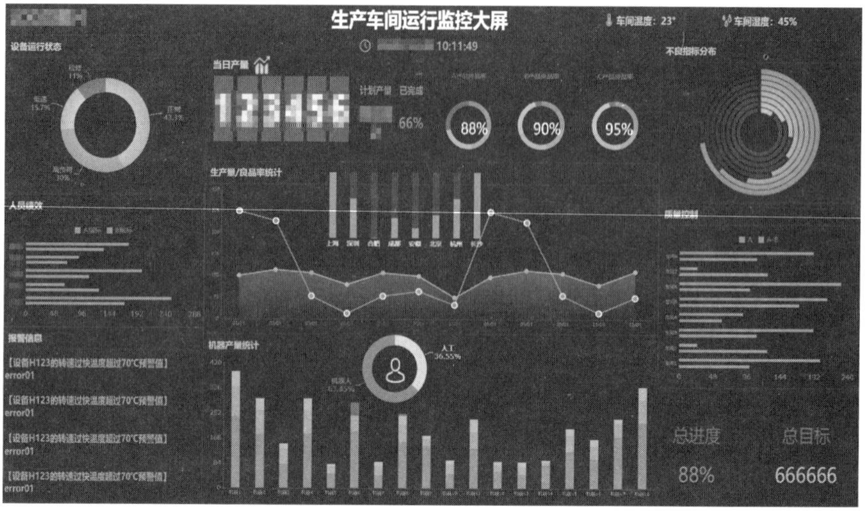

图 4-2　操作型驾驶舱：某公司生产车间运行监控大屏

操作型驾驶舱要从业务需求出发，实现对业务状态和问题的提醒、监控和预警。

- KPI 监控：此项功能使企业能把控整体运营情况，将业务、风险、绩效等领域内的核心指标通过图形展现在监控者面前。
- 阈值预警：KPI 监控的目的之一是预警，因此操作型驾驶舱一般都会提供阈值预警功能，通过醒目的颜色，例如背景高亮（红、绿、蓝）、转速表等对异常情况发出警报。
- 实时数据监控：有些行业 BI 项目的操作型驾驶舱需要实时监控关键指标，例如交易所成交量、航班、地铁运行线路等。

3．分析型驾驶舱

分析型驾驶舱面向中层管理人员，由于他们负责将企业战略落实到战术执行层面，因此分析型驾驶舱需要直接、显性地展现问题，关联可采取的行动，并且提供行动的优先顺序。与其他两类驾驶舱相比，分析型驾驶舱展示的信息会更细，包含多个因素及变量之间随时间变化的细节对比（参见图 4-3）。

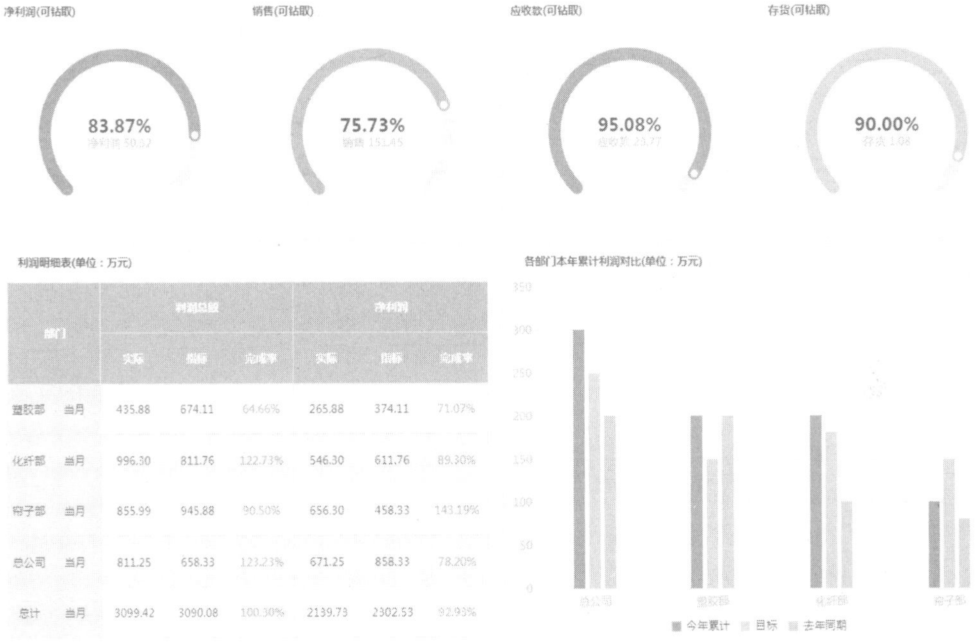

图 4-3 分析型驾驶舱：某公司的利润分析

分析型驾驶舱的作用是让管理者不仅可以看到表层现象，还可以深入探究背后的原因，通过钻取、联动、过滤等操作，从现象出发，沿着数据的脉络寻找原因，例如销售业绩为什么下降，回款时间长的原因是什么等。

对于分析型驾驶舱，炫酷的视觉效果并不是必要的，其核心是能讲出数据背后的故事，即业务问题及原因等，而不是空洞地展示数据，这也是中层管理人员在面向高层领导汇报时应注意的要点。

4.1.2 数据大屏的应用场景

企业对数据大屏的需求主要来自企业形象展示、数据查看、经营分析会议、数据监控等应用场景。

（1）很多企业每年都要接待政府组织或兄弟单位的参观、调研，有一个炫酷的数据大屏不仅方便展示相关业务数据，还能大大提升企业对外的形象。图 4-4 所示为某制造企业为接待兄弟单位参观而建设的数据大屏展厅，来访的企业和组织纷纷表示既直观了解了企业信息，又感受到十足的科技感，对该制造企业留下了非常深刻的印象。

图 4-4　某制造企业的数据大屏展厅

（2）在领导办公室放一个实时展示企业经营数据的大屏，往往能给领导的工作带来不少方便。图 4-5 所示为某银行为领导量身定制的管理驾驶舱，将资产、负债、收益等指标，以及存贷款情况和不同分支机构的排名等信息展示在一个大屏上，领导在办公室抬头看看就能了解整个银行的经营情况。数据大屏也为后续制定和调整战略提供了数据支持。

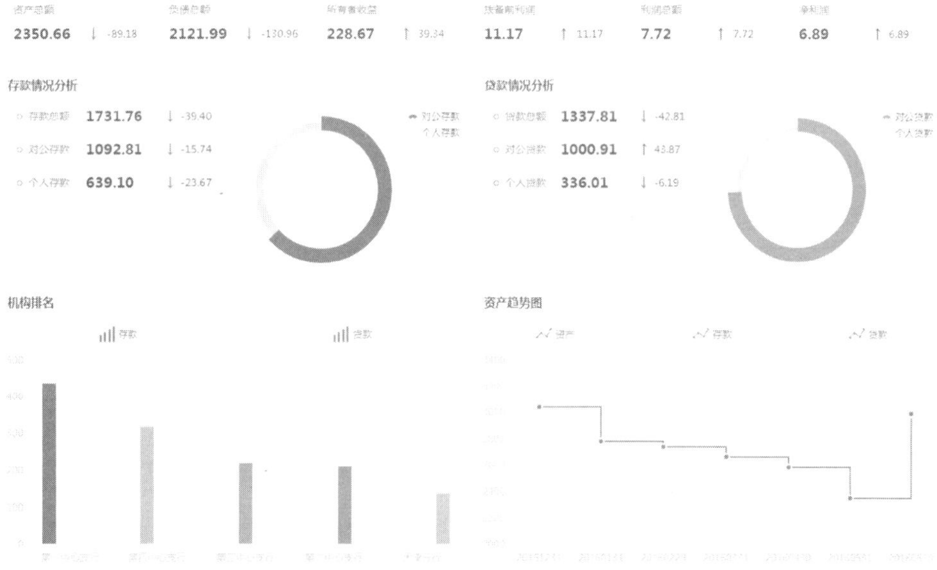

图 4-5　某银行为领导定制的管理驾驶舱

（3）企业召开经营分析会议时，以往需要用 PPT 文稿做汇报，现在直接用数据大屏就可以了。图 4-6 所示为某集团高层召开经营会议时的场景，在大屏上展示从 BI 系统直接读取出来的数据，自动生成各类报表，不仅数据全面，而且能够显示历史趋势，既提高了会议质量和效率，又大幅降低了会议成本。

图 4-6　某集团高层用数据大屏召开经营会议

（4）数据监控是在车间、仓库里常见的业务场景。在车间里放置数据大屏展示排产计划，能方便生产主管或工人掌控实时数据，及时调整生产活动等。

某车辆制造企业设有检修业务，在生产车间里放置了图 4-7 所示的车体检修计划大屏，对大屏中的检修数据进行钻取可以得到图 4-8 所示的页面。现场作业人员只需通过手机上报进入厂房车辆的车号，各班组开始对车辆进行检修时，在手机上确认所检修车辆的信息，系统就可以根据该车对应的修程自动判断完工时间，同时对检修进度进行实时监控和预警。调度人员在电脑或手机上即可查看各厂房内的检修情况，配送人员根据当前检修进度，按照指定的时间将配件送到指定厂房，大大提高了配送的准确性和及时性，配件需求计划的准确性达到 98%以上。

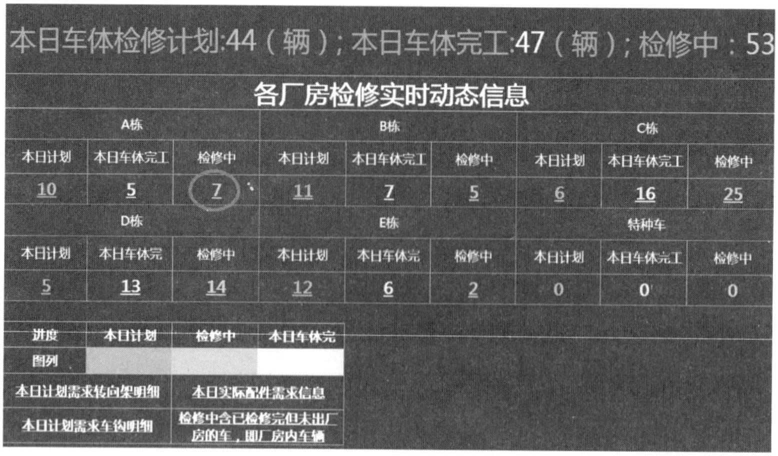

图 4-7　某车辆制造企业的车体检修计划大屏

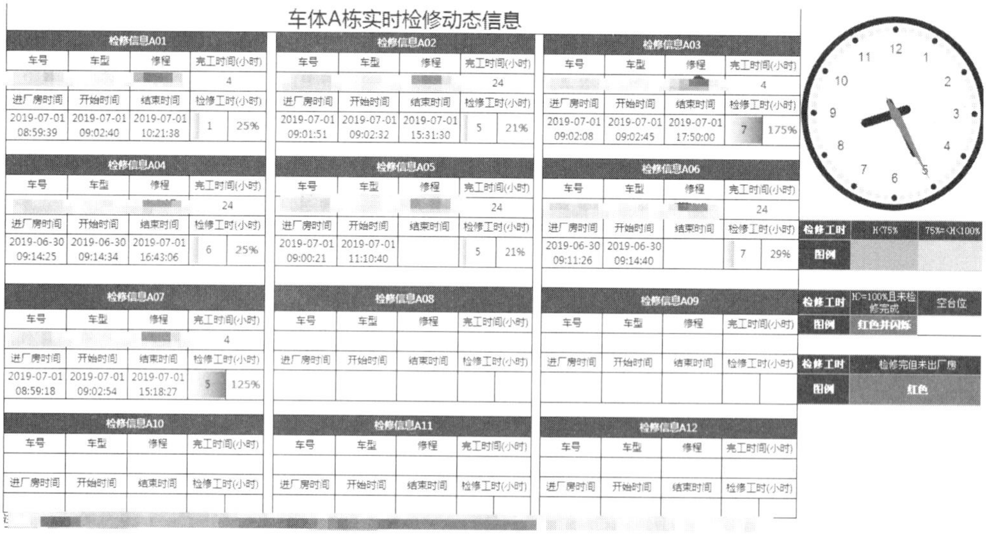

图 4-8　对数据钻取后得到的实时检修动态信息页面

4.1.3　数据大屏的设计与开发

通常情况下，数据大屏的设计与开发会经历 5 个步骤：需求调研、原型设计、可视化设计、大屏调试、上线运行，如图 4-9 所示。

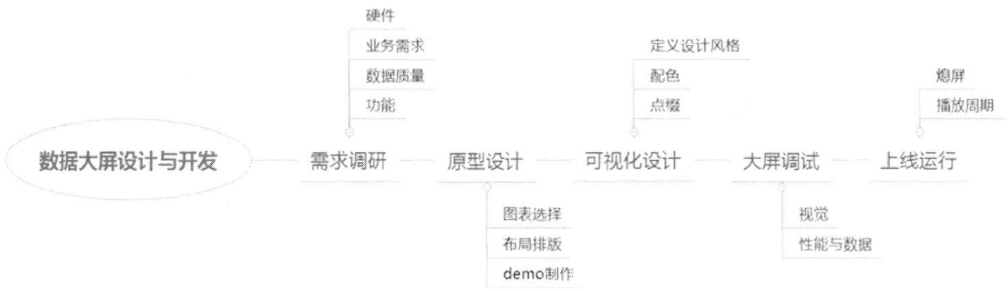

图 4-9　数据大屏的设计与开发流程

1. 需求调研

需求调研是设计数据大屏前的准备工作，具体又分为对硬件、业务需求、数据质量和功能的调研等 4 个部分。

（1）硬件调研。硬件是展示数据的物理载体，因此需要确定：是否已买大屏、分辨率是多少，大屏显卡所支持的输出分辨率是多少，显卡是否支持自定义分辨率，HDMI（高清多媒体接口）支持的分辨率等问题。同时，还要确定数字大屏设计稿的尺寸，既不能太大，让人感觉突兀；也不能太小，看不清数据指标。

（2）业务需求调研。这里的业务需求指的是数据大屏里要展示的内容。为了最大化数据对业务的支撑作用，应根据业务场景抽取关键指标。关键指标是一些概括性词语，是对一组或者一系列数据的统称。一般情况下，一个指标在大屏上独占一块区域，所以，通过关键指标能知道大屏上大概会显示哪些内容以及大屏会被分为几个区域。确定关键指标后，可以根据业务需求拟定各个指标展示时的优先级，即主、次、辅。主要指标反映核心业务内容，次要指标用于进一步阐述主要指标，辅助指标为主要指标提供补充信息。

这里需要注意的是，由于一张大屏模板涉及较多指标，计算逻辑复杂，到了最终的布局阶段，很多报表工程师可能会在大屏上堆砌各项指标。然而，制作大屏模板的目的是通过数据可视化辅助业务决策，而不是单纯地展示数据。因此，笔者建议在确定关键指标时，运用鱼骨图紧扣业务问题，梳理展示逻辑。数据大屏的展示逻辑遵循实际的业务逻辑，因此用户的理解成本低，并且可以更深切地感受到大屏可视化对于实际业务的价值。

例如，某水务企业想通过数据大屏对管网安全进行监控。报表工程师在和业务人员确认后，使用鱼骨图把管网安全与风险管理涉及的因素分为 6 类，在每一类中再细分出指标，如图 4-10 所示。

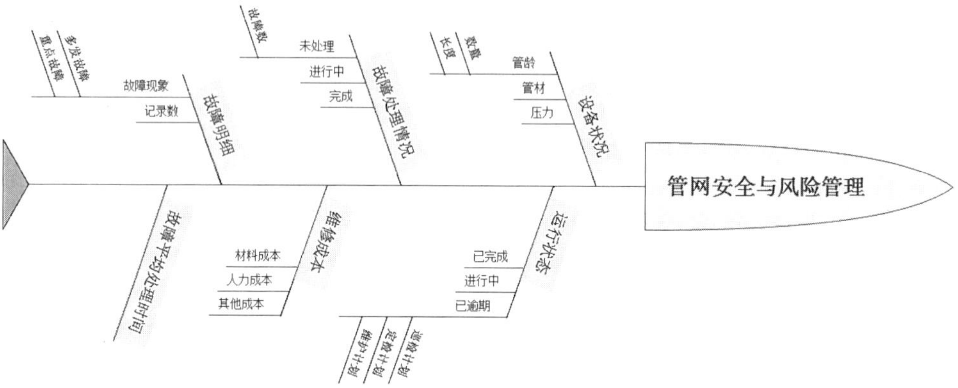

图 4-10　管网安全与风险管理鱼骨图

（3）数据质量调研。对数据来源（填报、读业务库、读中间库）、数据单位（单位、小数位）、数据更新频率（实时、准实时）等进行调研。

（4）功能调研。数据大屏有很多功能，企业具体需要哪些功能，例如是否需要下钻、轮播、自定义地图、扩展图表等，应在需求阶段了解清楚。拿图表来举例，当确定某个数据关系类型后，就可以根据该数据的使用场景查找出相应的图表和使用建议，并在其中进行选择。

2. 原型设计

在原型设计阶段，主要做三件事：选择图表类型、排版布局、制作 demo。

（1）选择合适的图表类型来展示业务信息尤为重要。根据数据分析目标确定指标的分析维度时，可以从数据的联系、分布、比较、构成等 4 个角度考虑要通过可视化表达什么样的信息，从而确定数据之间的关系。

- 联系：数据之间的相关性。
- 分布：指标里的数据主要集中在什么范围，表现出怎样的规律。
- 比较：数据之间存在何种差异，主要体现在哪些方面。
- 构成：指标里的数据都由哪几部分组成，每部分的占比如何。

确定数据关系后，就可以参考图 4-11 中的建议选择图表。

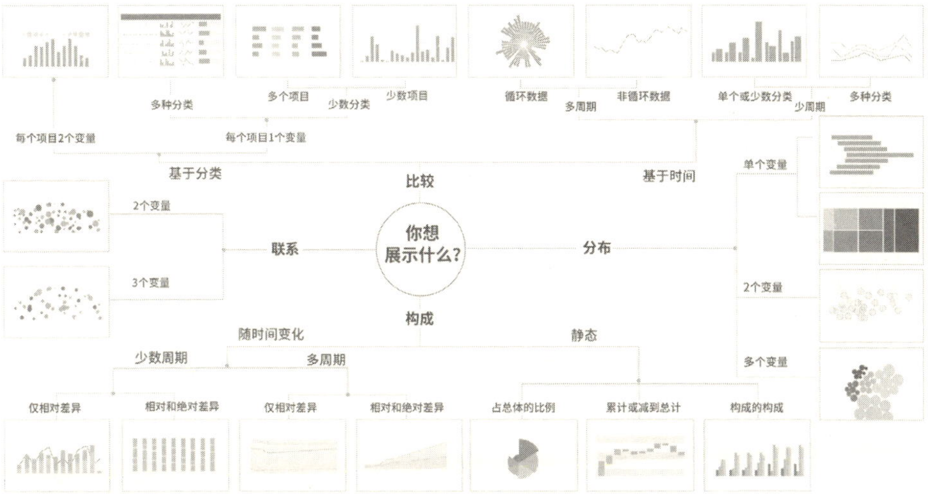

图 4-11　根据数据关系选择图表类型

图 4-12 就以一份购物城数据为例，总结了不同数据所适用的图表类型。

数据关系	应用场景举例	适用图表类型
比较类	各类产品在同一天的销售额比较	柱状图 气泡图 堆叠面积图 矩形树图 雷达图 词云
分布类	员工的工资和学历之间是否存在关系	散点图 分布曲线图 气泡图
地图类	各个门店的用户热度	热力地图
占比类	日化类产品销售额占比	环形图 饼图 堆叠柱状图 矩形树图
区间类	目标销售额达标情况	仪表图 堆叠面积图
关联类	各手机品牌及其下属手机型号的销量信息	矩形树图
时间类	不同月份的销售额趋势	折线图 螺旋图 面积图

图 4-12　购物城数据图表类型的选择

（2）对于数据大屏来说，它的底子就是排版布局，如果排版布局不合理，后面的可视化效果再炫酷，给人的整体感觉也是一团糟。我们可以按照主、次、辅的顺序进行排版布局。

- 主：核心业务指标安排在中间位置，占较大面积，多为动态效果丰富的地图。
- 次：次要指标位于屏幕两侧，多为各类图表。
- 辅：辅助分析的内容，可以通过钻取联动、轮播显示。

此外，一般的布局原则是把有关联的指标放在相邻或靠近的位置，把图表类型相近的指标放一起，这样能减少观者的认知负荷，提高信息传递的效率。图 4-13 给出了几种常见的排版布局方式。

（3）数字大屏原型 demo 的制作一般有两种方式：一种是自行写代码开发，另一种是用现成的可视化工具制作。用代码进行开发时，用得比较多的技术工具是 JavaScript + ECharts，如果考虑到数据量支撑、后台响应、实时更新、平台运维等方面，可能会涉及更多的技术，比较考验开发者的技术水平。如果对这些技术不够了解的话，直接用 FineReport 等工具制作则更加简单、便捷。

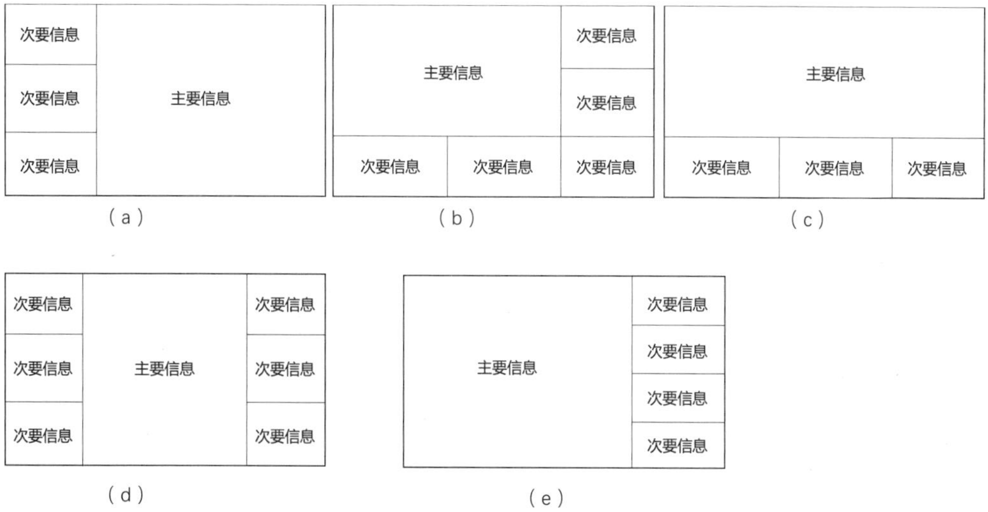

图 4-13　常见的数据大屏布局

3. 可视化设计

可视化设计的目的是在数据大屏原型的基础上进行美化，包括定义设计风格、配色、点缀等。

（1）定义设计风格。每个公司的风格是不一样的，所以要先考虑数据大屏的定位、用户群体、公司品牌、用户年龄层，这样设计出来的数据大屏才符合公司特点，让管理层满意。

（2）配色。配色包括背景和图表组件配色。数据大屏的背景最好使用深色、暗色，可减少拼缝带来的不适观感，也能够减少屏幕色差对大屏整体表现的影响。暗色背景更能聚焦视觉，也方便突出屏幕上的内容，还能做出一些流光、粒子等炫酷的效果。当然，背景不一定要用纯色，也可以采用深色系图片。比如搭配一些科技元素让整块屏幕看起来更有科技感，推荐使用带有星空、条纹、渐变线、点缀效果之类的图片。对于图表组件和系列标签等元素，在符合设计风格的基础上统一配色即可。

（3）点缀。细节会极大影响数据大屏的整体展现效果，适当给元素、标题、数字等添加一些诸如边框、图画等在内的点缀效果，能帮助提升整体美观度，如图 4-14 所示。

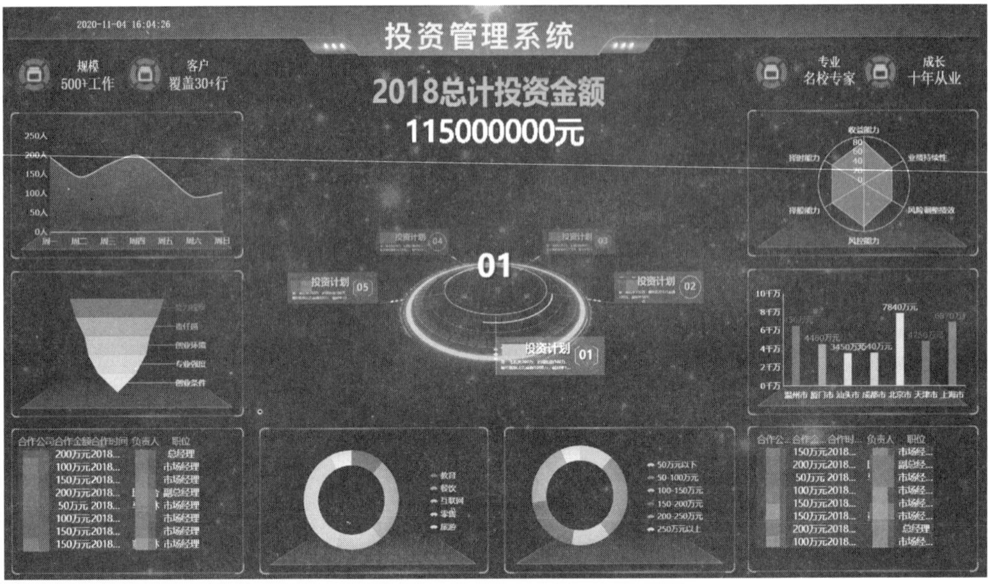

图 4-14　点缀大屏

4．大屏调试

对大屏的调试要重点关注视觉效果以及性能与数据。

- 视觉效果方面需要测试关键视觉元素、字体、字号、页面动效，以及图形、图表等是否按预期显示，有无变形、错位等情况。
- 性能与数据方面则需要判断图形和图表的动画是否流畅，数据的加载、刷新有无异常；页面长时间展示时是否存在崩溃、卡死等情况；后台控制系统能否正常切换前端页面等。

5. 上线运行

数据大屏正式上线前，还需要检测有没有熄屏问题，以及播放周期是否符合要求，如果没有问题就可以上线运行了。

4.2 移动应用

我们早已步入移动时代，无论工作还是生活，都离不开智能手机和移动应用。对于 BI 项目来说，在移动端查看和分析数据是必不可少的一个需求。因此，IT 部门或 BI 项目负责人要考虑实现 BI 移动应用，使领导及业务部门不受时间与地点的约束，随时随地做分析和决策。

由于移动端本身的特性，BI 在移动端上的功能和 PC 端相比有所扩展，除了常规的数据分析外，还有消息推送、手机扫码、应用集成等。移动设备的屏幕较小，企业在开发 BI 移动应用时，一定要以帮助用户快速获取重点信息为首要原则，即放到移动端的信息一定是最重要、最有价值的。

4.2.1 移动数据分析

与 PC 端相似，对于绝大多数企业而言，BI 在移动端最主要的应用场景是重点经营数据的分析、业绩指标监控以及业务数据查询。其中，管理者随时随地、方便快捷地获取重点经营数据的需求是重中之重。通过这些移动数据分析应用，管理者能够及时发现问题，改进管理制度，促进业务指标的达成，而业务人员也能够即时进行业务分析和处理日常事务。

下面用来自笔者客户的几个案例具体说明移动数据分析为企业带来的好处。某地产集团的高层管理者希望随时随地掌握核心经营指标的达成度，以及通过对数据的联动钻取分析，发现问题与风险。因此，IT 部门便在移动端为高层管理者定制了图 4-15 所示的认购指标主页、签约指标主页等不同业务维度的指标看板，用户打开主页即可以清晰地看到自己管理范围内核心指标的达成率以及子部门的完成情况，时刻掌控全局。

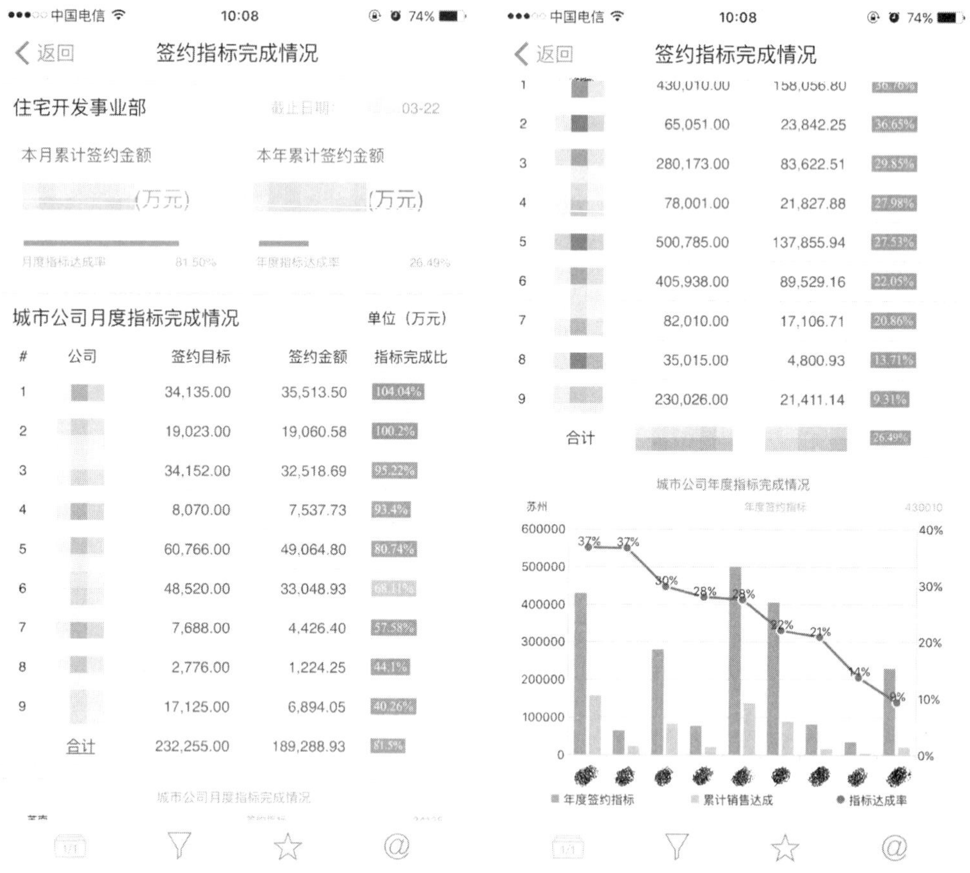

（a） （b）

图 4-15　某地产集团移动指标看板

某餐饮企业希望合理利用数据，指导基层管理者优化门店管理与菜品。IT 部门接到任务后，在移动端为门店管理者开发了门店数据看板，如图 4-16 所示。

（a）　　　　（b）　　　　（c）

图 4-16　某餐饮企业门店的移动端数据看板

门店数据看板上线后，从以下三个方面简化了门店经理的数据分析工作：

- 可清晰地了解门店经营指标的现状与排名，触发门店之间的竞争与学习，有助于找出指标项排名落后的原因并有针对性地改进。
- 分时段统计门店收入情况，能够依据每一天的时间趋势数据调配资源。
- 掌握明星菜品与销量、明星菜品对总体销售额的贡献等数据，定期优化门店的推荐菜单。

4.2.2 消息推送

作为移动时代最容易触达最终用户的方式，消息推送在企业中有诸多应用场景，其中最关键的就是将模板与数据定期推送给业务人员，形成对数据的黏性，充分挖掘数据价值。绝大多数企业会将消息推送作为 BI 移动应用的基础功能。而因为手机短信的用户体验不友好、企业自有 App 对用户触达率不高等原因，消息推送功能经常被集成在微信中。

例如，某银行就借助国民 App——微信，针对行内不同层级人员开发了如图 4-17 所示的“高管小秘书”“机关小秘书”“客户经理小秘书”等微信推送模块，实现对高层领导、中层干部以及客户经理的关键信息推送。这种方式统一了信息访问入口，减少了业务部门的负担，让数据主动找到人，而不是让人在海量数据中寻找自己需要关注的信息。经粗略计算，以前一年给领导推送短信要 3 万多元，而微信小秘书一年的费用才 300 元，并且业务人员每天要少花 2 小时做表，省下不少时间。

（a）　　　　（b）　　　　（c）

图 4-17　某银行的微信小秘书

除此以外，消息推送还可以用于业绩达成通报、流程管控、数据预警等多个方面。例如，某饮料销售集团高级管理层需要获取销售数据，以便及时掌握集团各产品在各区域的销售情况。但是原有的分析方式为专人每天对 19 张 Excel 表格进行手工处理，存在线下处理不及时，因产品多样而导致处理工作烦琐，节假日仍需加工数据备用，数据通过线下传递，无法保障安全性等问题。BI 系统上线后，通过其移动端的企业微信集成功能，以定时推送的方式，配以数据审核、权限控制，将销售情况通过消息推送给集团各高层管理者（参见图 4-18），解决了以上问题。

（a）　　　　（b）

图 4-18　某饮料销售集团 BI 移动应用的销售数据定时推送功能

还有一个某大型连锁超市的例子。我们知道，商超企业的库存是经营中非常重要的一环，一旦责任人未能及时处理库存紧缺情况，会造成商品缺货、销售额损失等比较严重的问题。建设 BI 项目后，该超市在 BI 移动应用中通过关联库存和物流分析，统计这两方面出现潜在问题的商品并及时预警，然后通过微信推送消息的方式通知责任人处理，加快了问题处理链条的运转，缺货情况得到了很大的改善。

4.2.3　手机扫码

二维码可以说是近年来最有价值的应用之一，是移动互联网的入口，为生产和生活带来了极大的便利。利用二维码/条形码展现数据标识，然后通过手机识别，可以极大地简化数据查询操作，因此也是 BI 移动应用通常会提供的基本功能。常见的扫码应用有手机电子发票报销、设备管理、扫码巡场、扫码填报等。

某大型化工企业在上线扫码应用之前，深受电子发票重复使用、重复报销、人工审核费时费力等问题的困扰。开发一套关于报销的 BI 移动应用后（界面如图 4-19（a）所示），业务人员通过扫码控件即可识别发票的二维码，获取发票的代码、校验码、开票日期等唯一信息，点击“提交入库”按钮即可完成报销；财务人员通过发票的唯一识别号进行查询，能够快速发现哪些发票存在重复报销的问题，找到报销的责任人，极大节省了人力成本。

（a）　　　　　　　　　　　（b）

图 4-19　某大型化工企业的 BI 移动应用——发票扫码报销 BI 应用

在部分制造型企业中，设备的管理、检查、维护还处于纸质记录的时代。设备管理不透明、不可控，产生了诸多问题。某制造企业为了改变这一现状，实现备品/备件的全生命周期管理，针对不同的场景开发了不同的 BI 移动应用，包括备件的出库/入库终端系统、设备维护点检系统、备品/备件报废管理系统等，告别纸质管理，充分释放了人力。例如，在图 4-20（a）所示的界面中选择“1.设备故障申报”，即可进入扫码页面，扫描故障设备的二维码后跳转至图 4-20（b）所示的故障信息填报表单页面，设备相关的信息会自动补充至表单中，申报人员只需填写故障描述和故障类型等信息，与之前的手工填写表单相比要便捷很多。

（a）　　　　　　（b）

图 4-20　某制造企业的 BI 移动应用——扫码申报设备故障

4.2.4　应用集成

企业中的数据来源于各式各样的业务系统和 App，而 BI 系统在进行数据分析之前必须先获取数据。因此，BI 移动应用就经常需要与以移动办公为主的各类移动应用集成，例如微信/企业微信、钉钉、SDK、泛微 OA、致远 OA 等。例如，4.2.2 节中提到的消息推送案例就是 BI 移动应用与微信集成的产物。

关于 BI 移动应用与其他应用的集成，笔者在这里也列举几个例子。某高科技农牧企业的 BI 移动应用由实现养殖信息化与移动化的 App 以及内部办公的 App 组成，均采用了自己开发的 App + SDK 集成的方式。在两个 App 中，该企业对 BI 移动应用的定位为数据查询和分析，其他的需求均由 App 自身的功能实现。图 4-21（a）和（b）分别为实现养殖信息化与移动化的 App 中的 BI 报表分析页面、内部办公 App 中的领导查询页面。实现原生 App 和 BI 移动应用的集成后，不论是养殖场的工人还是公司的中高层管理人员，都能够通过移动应用快速、便捷地查看和分析数据，提升工作效率的同时也促进了公司业务的发展。

某烟草企业的协同办公用的是致远 OA 移动端。面对领导层对数据看板的需求，IT 部门将 BI 移动应用与致远 OA 移动端进行了集成，在后台配置单点登录和权限，领导在 OA 移动端就能看到主要经济指标、区域市场分析、竞争品牌分析、工业企业分析、品牌结构分析、全国工商情况概览等模块的数据（数据看板页面如图 4-22 所示），随时随地发现问题并调整决策。

（a）　　　　（b）

图 4-21　某高科技农牧企业的 App 与 BI 移动应用集成

（a）　　　　（b）

图 4-22　BI 移动应用与致远 OA 移动端集成

4.3 自助分析

自助分析场景和第 1 章提到的自助式 BI 和自助分析模式是紧密关联的。由于传统 BI 分析模式存在弊端以及全民争当数据分析师的热潮，自助式 BI 和自助分析模式迅速兴起，市场已经从“IT 主导的报表模式”向“业务主导的自服务分析模式”转变。而且，这一转变的价值在企业中也得到验证，也就是说自助分析模式的确能够解放 IT 人员，赋能业务，提高效率。

例如，某银行的业务人员经常会用到“探测式”分析，如果每分析一个维度都要临时提取数据，业务人员与 IT 人员的沟通成本、IT 人员的人工成本将急剧增加。应用自助分析模式后，业务人员无须与 IT 人员反复沟通，就可以根据自身需求自助提取数据，自定义分析。整个过程由多人合作变为单人完成，并且可任意变更查询条件随时查询，获取数据所需的时间由原来的至少一周缩短为几分钟，极大提高了业务人员的效率。

尽管不少企业已经从以 IT 为中心转变为以业务为中心，采购 BI 工具后也开始推广自助分析，但是像上例中的银行一样将自助分析应用起来的却很少。自助分析在很多企业中空有口号，效果并不尽如人意，企业的 BI 分析模式仍然停留在业务人员提需求、IT 人员做分析这样的原始状态。本节谈一谈企业如何做好自助分析 BI 项目的建设与推广，实现 IT 人员准备数据，业务人员/数据分析师自主处理、分析数据。

4.3.1 自助分析的模式

自助分析强调 IT 人员与业务人员的配合，因此在介绍自助分析 BI 项目的建设与推广之前，我们先从 IT 人员与业务人员配合的角度切入，介绍自助分析的不同模式及其在企业中的发展。

根据数据的流向，在企业 BI 项目的建设过程中，IT 人员与业务人员有 4 种不同的配合模式，如图 4-23 所示。自上而下来看，IT 人员所承担的工作量是逐步减少的。

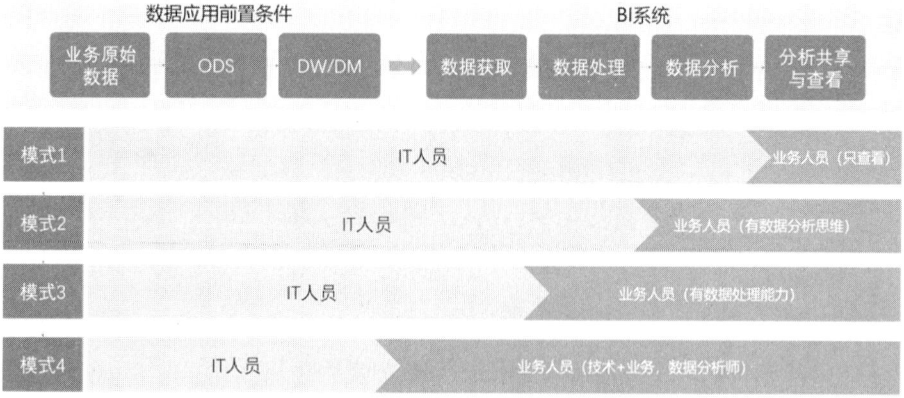

图 4-23　IT 人员与业务人员的配合模式

模式 1 中，IT 人员一直负责到数据分析阶段，将数据分析好之后，业务人员只管查看结果。这种模式对业务人员的要求较低，面向企业中部分不需要分析但需要获取数据信息的业务人员。

模式 2 中，IT 人员负责到数据处理阶段，将数据处理好，比如做好自助数据集交给业务人员，由他们自己根据需要做分析。这种模式适合需要做数据分析且有一定分析思维的业务人员。

模式 3 中，IT 人员只需要将基础数据处理好并接入 BI 系统，业务人员便可自己分析和处理数据。这种模式适合需要做数据分析且有一定数据处理和分析能力的业务人员。

模式 4 中的 IT 人员更加轻松，只负责搭建数据仓库，将数据仓库开放给业务人员，剩下的就是业务人员自己拿数据、自己处理、自己分析。这种模式适合既懂技术又懂业务的业务人员。

对于这 4 种模式，模式 1 是一直会存在的，模式 2 和模式 3 是很多企业中目前主要的模式，而模式 4 因其对业务人员的技术要求非常高，一般为金融行业采用。模式 2~4 其实就是自助分析的 3 种模式。

虽然自助分析有 3 种不同模式，但不论采用哪一种，其在企业中都需要经历一定的发展过程才能达到比较理想的状态。一般来说，自助分析在企业中的应用可以大致分为图 4-24 所示的 4 个阶段。

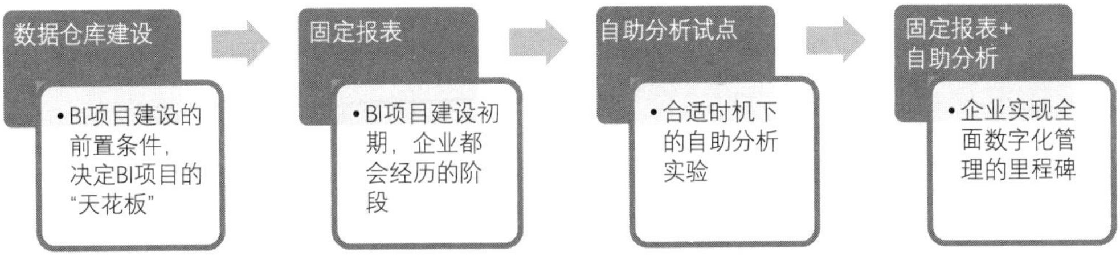

图 4-24　自助分析在企业中应用的阶段

（1）数据仓库建设阶段：数据仓库是企业开展自助分析的前提条件，有没有数据仓库及其质量的好坏，直接决定该企业能否推动自助分析的应用以及自助分析的“天花板”（即自助分析在企业中能应用到什么程度）。毕竟业务人员对于数据库中的数据本身并不了解，就需要 IT 人员搭建数据仓库，将数据以业务主题的形式整理好。另外，高质量的数据仓库在分析性能方面也会有比较大的优势。

（2）固定报表阶段：这是所有企业基本上都会经历的阶段，但这个阶段有长有短，要看企业的报表工具是否强大、易用，是否能够帮助企业快速搭建好报表体系并过渡到下一阶段。

（3）自助分析试点阶段：顾名思义就是找一个有自助分析意愿的部门做实验，前提是数据质量没有什么问题。这个阶段是向领导层以及业务人员证明自助分析价值的过程，是自助分析发展进程中的里程碑。目前大部分应用自助分析的企业都处于这个阶段。

（4）固定报表+自助分析阶段：在试点成功之后，企业内部已经初步认识且认可自助分析的价值，到了这个阶段就算是把 BI 用好了。

以上 4 个阶段中，数据仓库建设与自助分析试点最重要，实施起来难度也最大。

4.3.2 自助分析的应用与推广

1. 自助分析的应用方案

企业自助分析项目的建设同样遵循 BI 项目的标准建设流程，也会经历 BI 项目的各个阶段。但是自助分析作为一种特殊的 BI 应用，这一类项目与其他 BI 项目在某些阶段会有一些不同。

在收集和明确需求阶段，项目团队需要确定大致需求，为立项做准备。但是与一般 BI 项目不同，自助分析项目最终要在广大业务人员中推广使用，因此在立项前需要让更多的业务关键决策人了解自助分析，认可其价值，并确认将自助分析作为 BI 项目的开展模式。也就是说，项目团队要做好引导，这将为后期项目的实施与推广省去不少麻烦。另外，需要强调的是，自助分析更适合解决业务人员灵活、探索式的分析需求，那些大型、固定的分析需求，尽管业务人员也可以尝试自行解决，但交给 IT 部门处理可能是更好的选择。

进入项目规划阶段后，项目团队不仅要确定项目的范围，还要根据企业的数据情况和发展阶段选择合适的自助分析模式，也就是确定 IT 部门在后续的自助分析应用开发中需要承担哪些工作。明确自助分析模式后，IT 部门才能在项目实施阶段更有针对性地搭建平台和进行权限设计等工作。

自助分析项目与一般 BI 项目的另一个也是最大的一个区别在于对内部用户的培训。对于一般的 BI 项目，IT 部门根据业务需求进行开发即可，但是自助分析项目的最终目标是业务人员自主分析数据。很多业务人员初次接触自助式 BI 工具，缺乏使用经验和分析思路，需要由 IT 部门或者项目团队对他们进行培训。

首次培训应面向目标部门的核心用户，一般会在调研详细需求后，系统上线前进行，目的是让业务人员（即自助分析应用的用户）知道 BI 平台可以用于什么样的场景（方便后续更准确地提需求），以及场景用到的功能入口在哪里等。在 BI 平台上线后，项目团队还需要从实际业务场景着手，对当前准备使用 BI 平台的员工做强化培训，指导他们在 BI 平台中做各类数据分析，并在现场为他们解答问题，目的是让这些用户更快熟悉 BI 工具，掌握使用技巧，产出业务价值。

2. 推广与运营

要让自助分析项目在企业内覆盖更多的用户群体，发挥更大的价值，对项目的推广和运营必不可少。自助分析的最终目的是让企业内的不同用户都能自主进行数据分析，因此从用户切入寻找推广和运营思路是一个不错的选择。

在企业内部，自助分析项目的用户一般可以分为图 4-25 所示的 4 类，即决策者、数据分析者、数据查看/问题处理者及 IT 支持者。

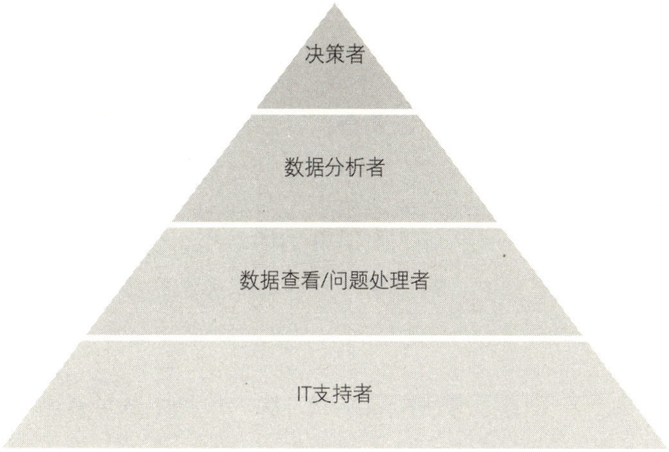

图 4-25　企业内部自助分析项目的用户构成

其中，决策者主要的工作是依据分析结果进行决策，一般要求数据准确，易于查看。

数据分析者的数据相关工作较多，对数据的敏感度和积极性高，对数据的及时性、准确性、灵活性要求高，经常要完成临时性分析任务，需要自己能够掌握和分析数据，发现问题，分析原因。

数据查看/问题处理者则关注自身（小团队内）固化指标的完成情况，分析实际业务问题。一般来说，他们的数据相关工作占比很小，业务分析需求相对稳定，以固定需求为主，技术能力和学习积极性较低。

IT 支持者的任务就是为数据分析者、数据查看/问题处理者提供数据和技术支持，并持续优化流程。

针对这些用户角色，自助分析项目团队可以采取以下措施来推广和运营。

（1）收拢数据出口。项目团队可以完善数据字典，方便业务人员查阅和理解系统里的数据，减轻 IT 部门解释数据的工作压力。

（2）持续培训。前面已经介绍了培训的重要性，对于有自助分析意向的部门，项目团队在最初向他们开放平台的时候，一般要进行多次培训，培训内容以帮助熟悉 BI 平台操作为主。因为对于新用户来说，快速熟悉 BI 平台是非常重要的，教会他们使用基础功能比使用高级功能重要得多。因为高级功能通常操作复杂或者更难理解，而在用户熟悉 BI 平台后，是可以自己去探索高级功能的。

（3）及时答疑和响应。用户刚熟悉 BI 平台时，项目团队一定要及时回应他们的问题。毕竟最开始接触产品时，也是用户最容易流失的时候，可能一个非常简单的问题就会让他们放弃。响应用户的方式可以是通过内部交流群或者当面解答问题。

（4）制造压力。在业务人员使用系统的时候，项目团队可以施加一定的压力。比如，业务人员在领导的示意下去学习使用新平台，肯定感到有压力，要努力达到一定的效果。IT 部门可以有意拒绝一些能够在平台上实现的需求，让业务人员不得不自行探索 BI 平台的功能，但是要掌控好度，不能让他们形成抵触的情绪。

（5）数据化监控。IT 部门要关注项目推广的情况、业务部门的使用情况，并且想办法推动。比如，发现活跃的用户，挖掘他们的价值，包装他们的案例，广而告之；如果发现 BI 平台的使用频率不高，就回访用户，了解目前的障碍，解决问题。关键在于善用用户日志，利用分析监控模板做好监控。

（6）培养重点用户。重点支持那些有需求、有意愿使用 BI 平台，而且产出了价值的用户，主动了解他们的需求，定期交流工作，保证他们比别人更早熟悉 BI 平台、更深入地应用 BI 平台、更主动地进行数据分析。这部分用户就是各部门未来的数据分析师和数据分析骨干。具体地说，对重点用户的培养可以有以下方式：

- IT 人员对业务需求的实现思路、方法和步骤进行讲解，包括数据集取数、分析逻辑及 BI 工具的使用等方面，使重点用户既懂 BI 工具的操作，又掌握分析思路和方法。
- 邀请优秀的业务人员分享 BI 平台的使用技巧和典型案例。
- 可以就某些实际需求的实现思路，进行头脑风暴，集思广益。
- 对重点用户提出的问题答疑，还可以进行开放式的自由交流。
- 将培训中使用的实例、技巧归类存档，分享给重点用户。

以上各项推广措施适用于自助分析项目的不同阶段，项目团队可以根据实际情况选择和使用，应用得当会显著提升项目的推广效果。

例如，某互联网 OTA（Online Travel Agency，在线旅游机构）在推广 BI 自助分析时，将具体的推广过程分为 4 个阶段。首先，提高内部 BI 平台的用户参与度，了解行业趋势及产品规划，并了解业务部门使用数据时的痛点。接着，对业务人员培训，该企业制订了初、中、高三阶段的培训计划，并制作了培训资料，如教学视频、文档等。然后，为核心数据分析人员开通更大的权限，以便他们制作与分享分析看板。最后，定期讲解示例场景，同时在各业务部门之间评比最佳看板。该企业通过这样 4 个阶段自上而下地进行自助分析文化的宣导，使自助分析模式在企业内部快速扩散，目前已被绝大多数业务部门启用。

某地产企业项目团队在建设自助分析平台时，核心思路是不把 BI 工具作为报表工具来推广使用，而是把它作为业务人员在线触达数据的一种媒介。因此，该企业的推广方法是尽量少做纯开发类工作，推广的早期以教会业务人员使用 BI 工具、熟悉数据为主，在业务人员对整体情况有一定了解之后，再转变为联合开发。

具体来说也是四个步骤：第一步是深入一线业务人员进行培训和推广，并且在推广之初先帮助他们解决迫切的数据分析问题。第二步是挖掘种子用户，在一线业务人员对 BI 有初步认识后，挖掘有想法的种子用户重点培养。接下来，进入专门的宣传推广阶段，对于使用频次高的仪表盘通过企业公众号等内网平台进行宣传。最后一步是同一线业务人员联合建模，在统一指标体系的前提下，鼓励一线业务人员根据自身特点进行个性化数据分析。

经过这样的推广流程后，一方面，数据分析人员的工作习惯有了很大转变，固定报表的开发需求减少了 40%，大大减轻了 IT 人员的负担；另一方面，几个种子用户带领周围的同事形成了十多人的分析团队，提高了公司内部对数据分析工作的认可度。目前，该企业的平均月报表点击量达到了 4 万多次，线上有接近 50 个活跃的分析用户，每个用户月均修改和新建仪表盘 12 张，整个企业形成了非常好的数据分析氛围。

应用场景是 BI 项目得以落地的最终载体，也是体现 BI 价值的最终途径。本章对数据大屏、移动应用以及自助分析三个 BI 典型功能应用进行了介绍。企业在不知如何落地 BI 项目时，不妨尝试从这些典型功能应用入手，寻找适合的场景，使 BI 应用落地。下一章将从行业和业务的角度介绍 BI 的典型应用。

第 5 章

不同行业的典型 BI 业务应用

企业应用 BI 的目的在于为管理和业务提供数据依据与决策支持。第 4 章从 BI 功能的角度，告诉企业如何寻找合适的应用场景。那么反过来，从业务的角度，了解企业各种各样的应用场景如何用 BI 来实现也很关键，这就是本章将要介绍的内容。这里的业务场景指具体的业务活动，大到供应链管理、营销管理、财务管理、智能巡检、门店补货、退货分析等，小到人事考勤监控、采购节点效率分析、商品补货提醒等，也就是前面提到做 BI 项目要“点线结合”中的“点”，是数据价值落地的“最后一公里”。

不同的企业规模各异、业务千差万别，但一般都有很强的行业属性，所以本章以行业为维度聊一聊 BI 在不同行业的典型业务场景中的应用，分享一些有特色的 BI 应用方案。

5.1 零售行业

在众多行业中，以零售行业的经营形态最为丰富，包括百货商店、大型综合超市、便利店、专业市场（主题商城）、专卖店、购物中心和仓储式商场等。但不论哪种业态的运营，都离不开人、货、场、财这 4 个要素。值得注意的是，在零售行业中，由于大部分商品都有多种款式、颜色、尺码等属性，为了更好地区分和管理，一般以 SKU（Stock Keeping Unit，库存保有单位）来指代商品。SKU 是物理上不可分割的最小存货单元，在做商品管理时，其实更多的是针对 SKU 进行管理。

围绕人、货、场、财这 4 个维度，零售行业中有非常多的业务场景，例如员工管理、到店客流监测、采购管理、库存管理、自动配货、销售分析、业绩追踪、智能下单、商品全生命周期管理、门店管理、手机巡场等。本节介绍 BI 在到店客流监测、生鲜销售、买手智能下单、自动配货和督导手机巡店等 5 个典型业务场景中的应用。

5.1.1 连锁超市到店客流监测

到店客户决定着零售企业的营收，需要重点转化，而转化的关键在于了解客户。

这就需要对到店客户进行监测，用数据回答以下几个问题：这些客户从哪里来、到店客户数量有没有变化、客户要消费什么、哪些是常客、客户对哪些店面感兴趣等。了解了这些情况，就能更有效地运营和管理客户数据。下面以某连锁超市为例，介绍该超市是如何利用 BI 系统实现到店客户监测的。

首先，BI 系统要回答客户数量变化的问题。每天来逛超市的人很多，很难用人工统计（即定时定点安排人统计到店客户人数），因为这种抽样统计方式并不科学，可信度不高。该超市通过停车场数据系统、WiFi 探针数据、人脸识别等技术自动识别客流变化，然后在 BI 系统中定制客流检测看板，关注近一小时累计客流量、近一小时新增客流量、今日累计客流量、今日平均停留时间这 4 个主要指标，如图 5-1 所示。

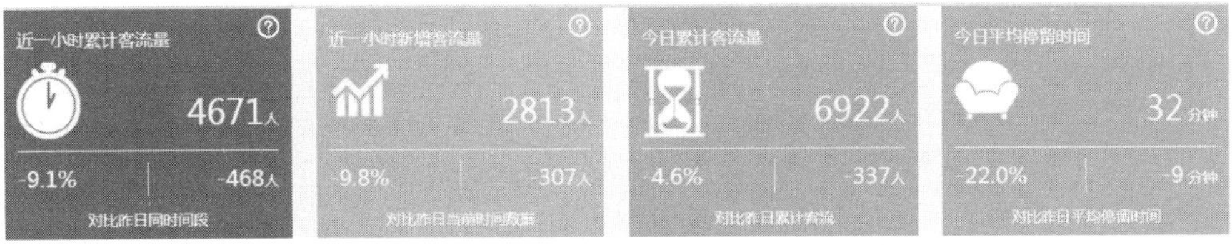

图 5-1 客流检测看板

当然，BI 系统还会对历史数据做对比分析，通过对比前日数据，查看指标变化的数值和幅度。另外，将这些指标的变化纳入异常检测分析范围，只要超出设定的阈值（BI 系统会动态计算并调整阈值），BI 系统便自动给店长发送预警消息，提示相关人员采取措施，并将问题解决的速度和质量与 KPI 考核关联，督促一线业务人员及时处理。

如果发现客流量异常，应该从哪些维度查找原因呢？或者客流量正常，客流分布是否也正常呢？为了搞清楚这两个问题，该超市在 BI 系统中也定制了分析页面，重点关注两个指标，即新老客户占比与今日客户历史到店分布，如图 5-2 所示。

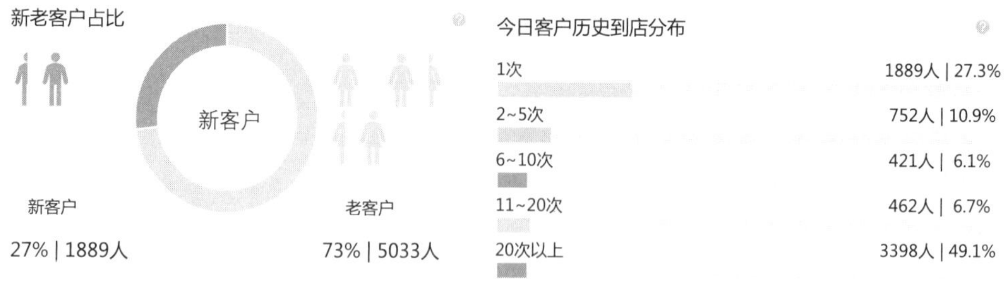

图 5-2　新老客户占比与今日客户历史到店分布

如果客流量异常，首先要看的就是新老客户的占比和数量变化，新客户减少可能是宣传或者促销力度不够，未能带来新客户；老客户减少，多半是会员政策或者商品经营出现问题。这样，借助 BI 系统对客流数据的分析，业务人员就能快速定位问题并及时解决。当然，即使客流量正常，也要关注新老客户占比变化。比如开展促销活动时，新客户占比的增幅显然是衡量促销效果的一个关键指标。

客户到店后，为了延长其停留时间，增加消费的可能性，超市需要有针对性地进行店面布局和营销管理，这就要求管理人员了解客户都去了哪里、在何处停留。对此，该超市采用电子围栏技术、WiFi 探针、人脸识别等技术，实时采集人流分布数据和运动轨迹，然后在 BI 系统中进行客流实时分布和客流轨迹分析。

图 5-3 即为客流实时分布分析图，图中将各个区域用图标标识，采用热力色系，颜色越深的区域代表实时客流量越大。通过客流实时分布分析和客流轨迹分析，超市管理者能够判断客流是从哪些区域过来的，甚至能知道是从周边哪个小区过来的。然后，进一步分析从不同区域进店的客户消费目的有何不同，消费习惯有何不同，是否有更多的消费需求可以挖掘。负责管理的楼层长要思考：为什么有些区域热度很高，另一些区域热度却很低；为什么有些热度高的区域最终毛利却不高，现在的店面布局是不是有更合理的方案等问题。

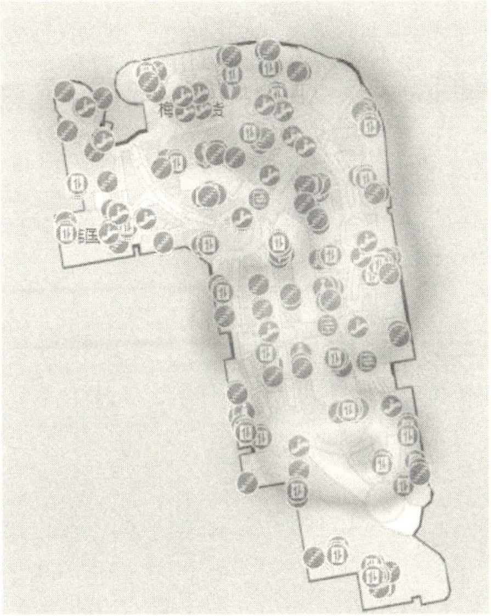

图 5-3　某超市客流实时分布分析

通过对客流的监测和分析，该超市将一些经营决策所需要的数据和信息下放到基层管理岗，让熟悉业务的店长、楼层长来提出决策建议，供高层选择，用数据来支撑决策，用可视化分析提高决策效率和科学性。

5.1.2　连锁超市生鲜销售管理

生鲜销售是一项非常精细的工作。生鲜的保质期普遍较短，标准不一，排面需要较多的人力维护和打理，何时、何地、何物应该采用怎样的运营策略，是考验生鲜销售管理人员的难题。一旦决策失误，就可能出现较大的损耗。因此，控制损耗是生鲜销售管理工作的核心，控制不当不仅损失毛利，还严重影响销售机会。

某连锁超市的生鲜销售就面临不小的损耗，影响了其扩大经营规模。另外，该超市的生鲜销售策略主要由销售员工凭经验来制订，而这些人的知识并未固化在业务系统中，因此决策模型难以通过业务系统沉淀和传承，数据报表也多为离线数据，于是生鲜销售业绩与某些经验丰富的销售人员绑定，无法有效地复制及推广成功销售经验。

所以，该超市希望在控制生鲜损耗的基础上，将决策模型固化到业务系统中，降低运营成本，提高销售业绩，实现生鲜销售业务的智能决策与精细化运营。经分析，该超市产生损耗的原因主要是以下三点：

- 生鲜品质较差：门店作为销售终端，对品质把关不够，而品质不佳的情况下，再好的运营策略均是徒劳。
- 库存过多：门店订货一般依赖于销售人员个人的经验和判断，加上商品在后仓未及时上架导致库存数据不准，因此库存过多是常态，影响了生鲜的品质和价格。
- 出清不及时：前两点原因导致商品库存积压，不能及时出清。这家超市目前只是固定在晚上 8 点至 10 点出清，而此时并非门店客流高峰期，出清商品摆放区域的客流更少，所以出清策略不合理。

从这三个原因中，该超市发现控制生鲜损耗的着力点为：动态出清、动态盘点、预测需求、合理订货与定价。于是，该超市调整策略，采用基于数据驱动的方式，配合软硬件工具来支撑门店运营决策：利用 BI 系统分析、诊断商品销售情况，对不能在保质期内达成销售目标的商品，系统自动提前给出预警清单以及折价建议，不仅可以减少生鲜商品排面维护的人力成本，同时也可以降低商品损耗，提升毛利率，为门店带来更多的销售机会。

该超市对重点场景进行分解，构建了从评级、预测，到预警、出清，再到整体分析的数字化生鲜销售新模式，并固化到 BI 系统中，根据商品质量、预测销量以及库存等指标，配合更完善的出清策略及时预警出清，从而降低生鲜损耗。

（1）采购评级。第一步就是从源头开始，在订货时对商品评级。用表单对供应商配送的货物记录收货评价，货物到达其他门店时，收货人员通过扫描该商品的条形码就能看到数量、品质、评级等信息，根据这些信息选择是开箱验货还是随机抽检，把检查的结果也添加到评级信息中。这样一来，收货环节就被很好地量化了，而且也缩短了收货时间，规范了供货商的行为。

（2）门店客流量预测。门店商品的销量和客流量息息相关，因此预测商品的销售情况时，要先预测门店的客流量。该超市通过综合考虑节假日、天气、季节、气温、历史客流量、门店经营面积等多个指标来构造特征工程，并采用高效的集成算法 XGBoost 进行预测，与实际数据对比，对门店客流量预测的准确度达到 95%。图 5-4 为该超市某门店 2019 年 6 月的预测客流量与实际客流量对比。

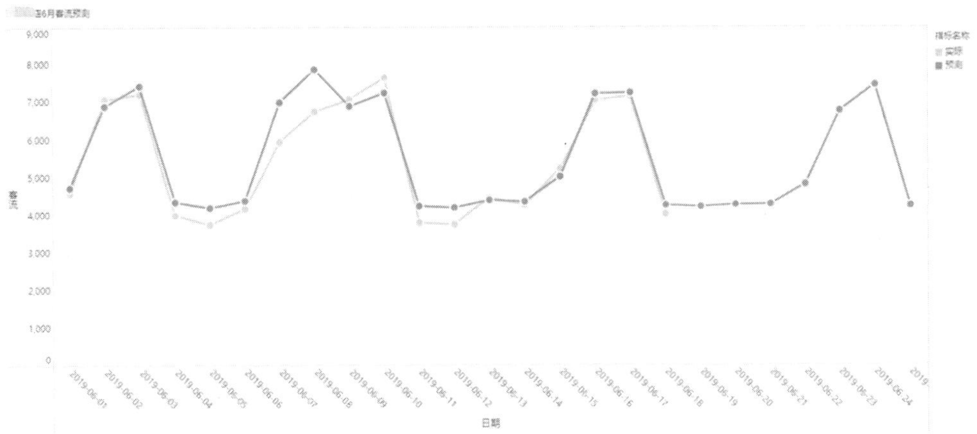

图 5-4　该超市某门店 2019 年 6 月的预测客流量与实际客流量对比

（3）商品销量预测。对生鲜销量的预测不同于对一般电商商品的预测，排面是否有货、排面摆放的商品是否丰富、商品的品质、是否有替代商品等因素均会对单品的销量产生影响，试图用门店客流量解释单品的销量基本是不可能的。不少门店存在客流量与生鲜销量倒挂的情况，比如曾发生过某时段客流量为 8000 人次，但生鲜的销量为 0，而客流量为 5000 人次时，销量却为 800 件的情况。

但是生鲜品种销量和门店客流量之间却存在较强的相关关系，因此该超市将注意力转移到生鲜品种和该品种内部各 SKU 之间的替补性上。如果已知某生鲜品种的预估销量，订货人员就能知晓该品种下的 SKU 现有库存量是否超标，以及未来需要的订货量是多少。基于这一思想，根据商品的日均销量、销量标准差、价格变动标准差等多个指标进行聚类分析，按照最优聚类规则，确定商品的 4 个分组；然后，对不同类别的商品采用不同的回归预测模型，就得到了准确的单品预测销量。

（4）库存预警与出清。得到预测的结果后，该超市开发了 BI 移动应用，对单品销量的预测结果、单品库存、保质期等因素进行综合比较，计算出商品的风险库存、预计售罄日期等主要预警参数。

图 5-5 所示为该超市借助帆软 BI 工具快速开发的 BI 移动应用展示的门店生鲜库存预警列表。门店的生鲜运营人员可以直接对预警列表中的商品进行“调价”“发券”等操作，形成预警即实施的闭环。对于有数据分析能力的员工，BI 移动应用还提供查看明细的功能。为了降低 BI 移动应用的操作及推广难度，BI 项目团队对预警单品做了排序，告知生鲜销售人员处理前 X 个单品。预警的内容可以无限，但提供给员工的操作必须相对有限。

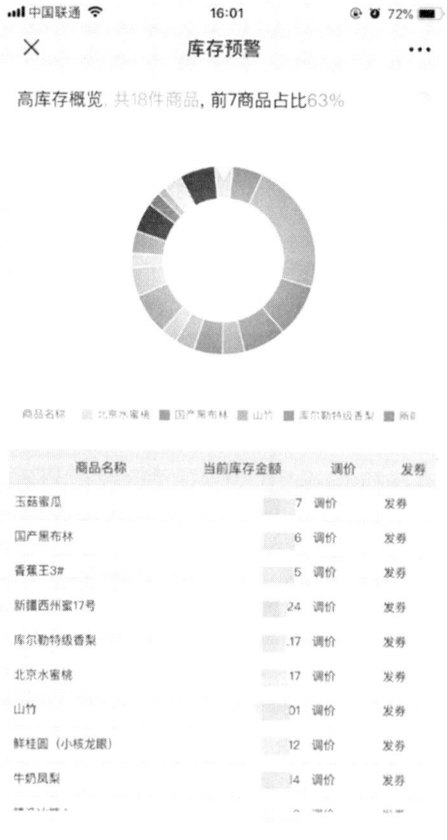

图 5-5　门店生鲜库存预警列表

（5）数据分析。精细化运营离不开数据的指导，出清只是解决了一些重点单品或者爆品的销售问题，整个品类的运营问题还没有得到解决。通过梳理门店运营场景，该超市在 BI 系统中建立了一个数据报表体系，考虑到门店一线销售人员的数据意识仍须培养，每日定点在群里发布报表截图，并且针对报表中存在的问题进行说明，寻找销售机会，慢慢地养成全员看报表，拿数据说话的习惯。

该超市对试点门店生鲜采用新模式进行精细化运营后，除了生鲜的损耗大幅降低、毛利率提升外，还得到其他的好处：

- 实现全店销售额及毛利率双增长，坪效提升 9%，劳效提升 27%，周转控制在 30 天以内。
- 生鲜部门月总用工时减少 40%，劳效提升 99%。
- 生鲜折价损失额下降 20%，蔬菜品类渗透率有效提升。
- 建立选品及汰换分析模型，精准管控库存，精减 33%非生鲜 SKU。
- 有效获客，促进客户活跃，提高转化率，为线下导流、制造复购机会。
- 线上订单数月环比增长 65%。

5.1.3 时装企业买手智能下单

买手（buyer）是零售行业中比较特殊的一种职业，一般集中在时尚服装零售企业中。简单来说，买手就是去品牌方和市场上采买货物的人，买到货物后，会交给工厂快速二次加工，然后发到终端进行售卖，行业用语也叫“铺货”。

买手必须站在时尚潮流的最前端，了解行业规范，对货品有敏锐的辨别能力，在适当的时机迅速出手，以低廉的价格购买他们认为有潜力的商品，加价出售，赚取利润。过去优秀的买手全靠个人敏锐的时尚嗅觉选品，对新款、新品的选择特别依赖个人的眼光。白天跑各地选品，晚上回酒店或者公司通过 Excel 整理数据并分析，再导入业务系统，最终完成采购申请的上报。这一模式存在以下 4 个核心痛点。

- 拍脑袋选品：选品全凭个人经验，仅仅能参考自己记录的一部分历史款式数据。
- 铺货思路不一致：货品采买量的设定太随意，同一企业中不同买手的铺货策略不一样，各自为战。
- 审批耗时耗力：提交的 Excel 文件无法准确表述买过来的货品该怎么铺，业务部主管在审批订单的时候，要先清理数据，再手工汇总多个 Excel 文件来查看整体数据，最后打电话与买手逐一沟通，才能给出审批意见。
- 流程缓慢低效：单个业务系统太死板，流程功能不如 OA 系统强大，每一个 SKC（Stock Keeping Color，库存颜色单位，即单款单色，常用的服装计量单位）的录入都要填写大量的属性值，还不能填错，重复填写数据的工作占用大量时间。

面对这些痛点，买手们迫切需要一个数字化系统来支撑工作，将下单流程标准化。而市场上却缺乏成熟的买手下单系统，没有标准化的模式可以参考，因此企业只能自行定制开发。某时装企业便使用 BI 工具自主开发应用满足了买手智能下单的场景需求。下面简单介绍其实现流程。

首先，梳理业务逻辑。通常情况下，买手在做采买决策时，要回答两个基本问题：第一个问题是搞清楚这件货品的定位，比如它是试销款、常规款、形象款，还是补足款等；第二个问题是确定这件货品的量，比如是小批量、小批量多批次，还是固定量补库存、大批量等。一个优秀的买手，第一步是要会选品，第二步是要会定量。因此，买手智能下单项目的目标是开发出让买手能够高效定位、快速定量的智能下单工具，并且将工具融入工作流程，在企业中推广使用。

对于货的定位，在企划部门制定的趋势企划下，由买手针对具体款式进行微调。这里需要对货品的分类进行预判，该企业整理出 4 个分类维度：试销地点（例如专卖店、商场等）、试销模式（常规、非常规）、产品档次（高、低）、产品时尚度（高、低）。

对于货的定量，该企业设计了“按需订货”的逻辑，就是把所有终端门店打上标签，包括门店性质、门店所在区域、流量区间，以及一些特殊标签等。有标签后，就能按照标签顺序来区分和筛选门店，需求的主体也就明确了。在此基础上，再参考历史经验数据和备货量数据，根据不同的定位方式，设定具体的铺货数量。

最终，该企业利用 FineReport 开发出买手智能下单系统，并与其 OA、SAP 系统打通，实现了从买手登录系统填报信息到后台审核下单的完整流程，具体步骤如下：

（1）买手登录。

（2）填报货品信息及修改。买手使用 iPad 在现场拍照并即时录入货品主数据。如图 5-6 所示，只需简单地勾选菜单项即可在 5 分钟内完成货品信息的录入，并且进入 SAP 系统。

图 5-6　通过勾选操作录入货品信息

（3）订单填报。在订单填报页面，完成“货的定位”和“货的定量”，也就是货品铺法和配比的选择，如图 5-7 所示。填报完成后即进入 OA 系统审批流程。

（4）OA 系统流程处理。这一步主要是各项流程的审批，将 BI 工具融入其中，真正简化买手的工作。

该企业的 CIO 表示，之前买手要在市场填写纸质的表单，然后回酒店或者公司做 Excel 表格，等 OA 系统审批后，再手工录入 SAP 系统，而因为 SAP 系统有严格的限定，所以要查找大量的对照关系，十分不便。启用了这个买手智能下单系统后，表单和流程全部植入 OA 系统，以前需要 1 周时间才能完成从订单填报、审批到 SAP 系统生成资料的过程，现在缩减到只需 10 分钟，极大提高了流程效率。

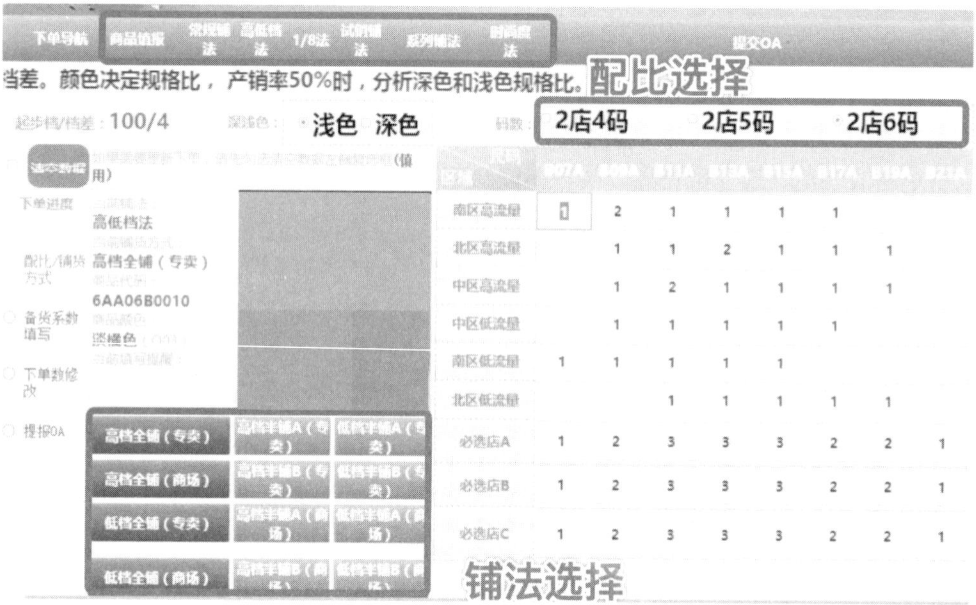

图 5-7　订单填报界面

5.1.4　便利店自动配货

零售行业的核心竞争力是供应链管理能力，目前越来越多的零售企业在围绕便捷、货品精准适配、去库存等三大重点优化其供应链。在供应链管理和优化的过程中，一个非常重要的环节便是补货。绝大部分零售企业的补货策略普遍较为原始粗放，多半依赖人工经验，尤其是一些连锁便利店，但是因为场地小、SKU 多、营业员少等原因，靠经验补货的方法已无法满足其规模化发展的需要。在这样的背景下，BI 自动配货应用应运而生，为各大零售企业提供了一个有效的方法。

自动配货应用主要针对终端门店类店铺，使门店订货、货品陈列和盘点等工作得到优化，库存管理更加合理、准确，释放更多空间用于新品上架，从而为门店创造更大利润。其核心思想是在 BI 系统中，根据自动配货模型对需要配货的商品预警并提供补货数量作为参考。以某连锁便利店为例，其自动配货应用主要涉及以下 3 类分析模型：

（1）配货任务分析模型：根据 ABC 模型将商品按畅销度排序，计算出每一项商品的销售额、销量、毛利占比及累计构成比，以累计构成比为衡量标准，制订淘汰率和品类权重，从而快速剔除淘汰商品，定位需要重点关注的 SKU。

（2）配货关联分析模型：参照自动配货主表的 4 个关键指标分析商品之间的配货关联情况。

- 单品最小陈列数量：陈列数量即货架数量加上仓库数量，最小陈列数量为满足一段时间销售需求的陈列数量。
- 日均销量：首先计算每个商品前 4 周的每周销量，再根据每周销量的不同权重求出加权平均后的日销量。
- 上下限倍数：每个门店与物流点的距离存在远近差别，到货时间也各不相同，上下限倍数也可以理解为门店的到货间隔，下限倍数表示最快几天到一次货，上限倍数表示最慢几天到一次货。
- 商品上下架：上架即表示商品参与自动配货，如不需要配货，可将商品状态改为下架，表示不参与配货。

（3）自动配货模型：自动配货模型的核心是正确判断配货需求比，其判断逻辑有两条（具体逻辑参见图 5-8），一是通过商品上下架状态进行判断，即上架则商品参与自动配货，下架则不参与；二是通过商品上下限进行判断，当库存低于商品下限时，系统响应配货。

配货数量的依据为商品上限-库存数量 = 配货数量（四舍五入），再根据结果判断可满足的供货数量。

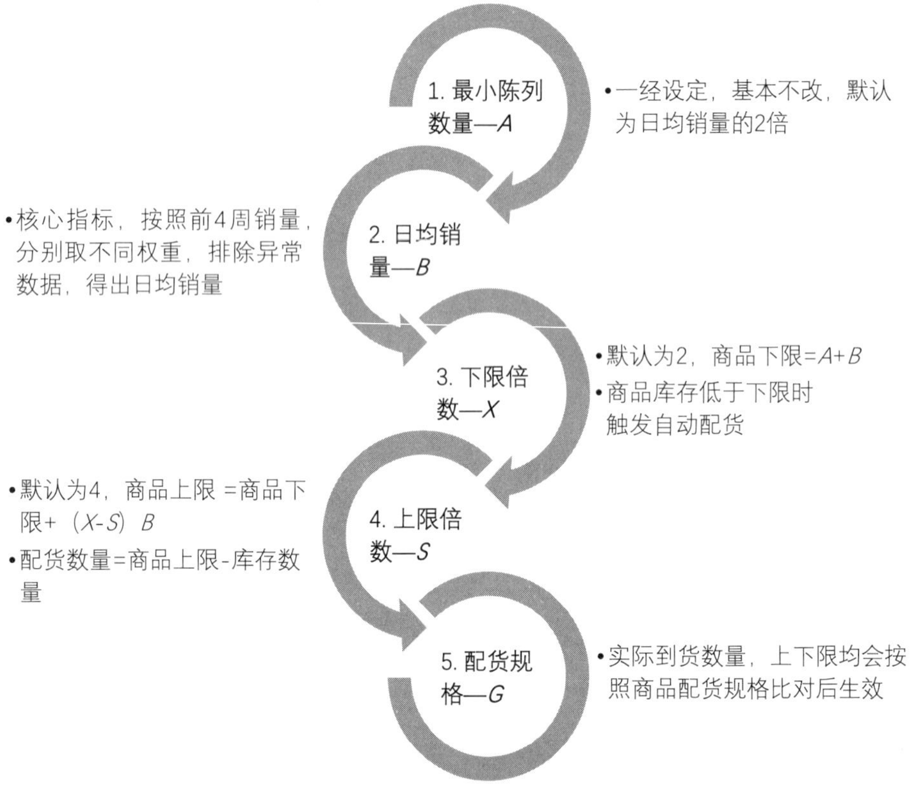

图 5-8 某连锁便利店 BI 自动配货应用的逻辑

有了这 3 类模型，在 BI 系统中实现自动配货也就非常简单了。首先，在商品淘汰分析页面，根据配货任务分析模型剔除淘汰商品。接着在自动配货表单中，根据配货关联分析模型和自动配货模型，录入各项指标并设置背后的计算逻辑。最后就是等待商品缺货时 BI 系统自动发送弹窗提醒（参见图 5-9），根据建议补货即可。

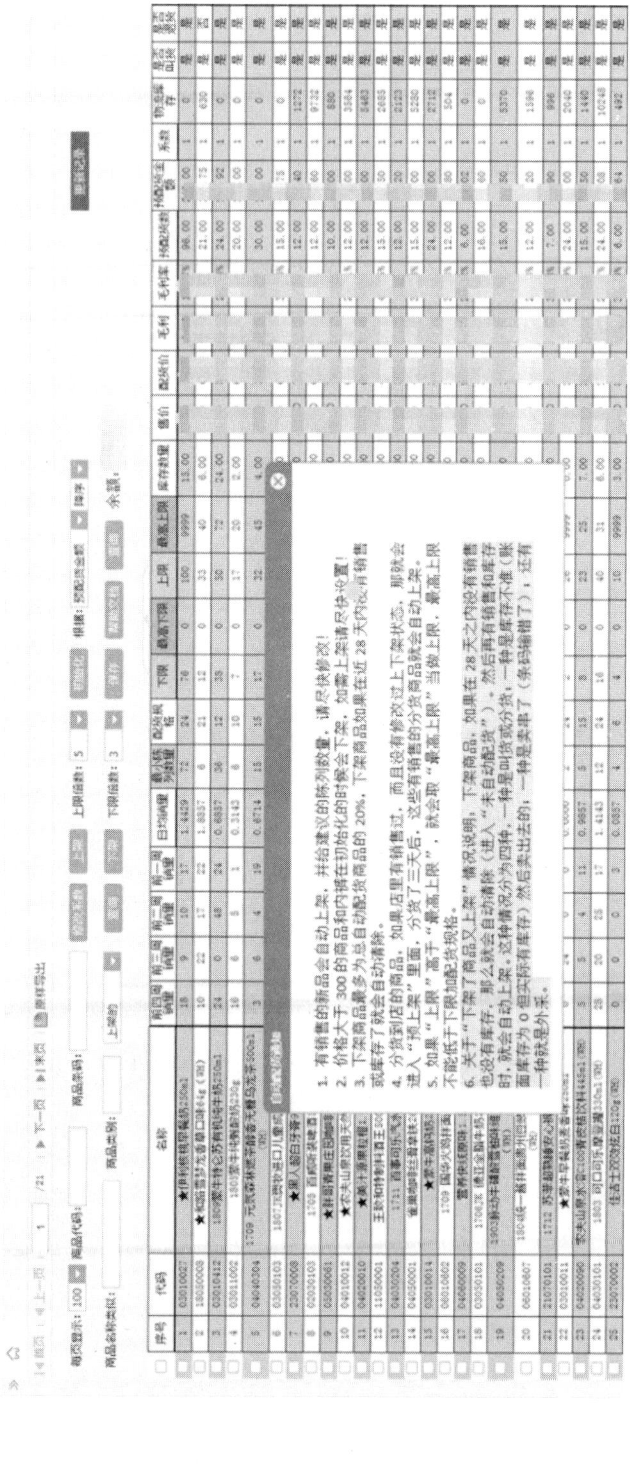

图 5-9 自动配货应用的弹窗提醒

自动配货应用给这家企业带来的价值可以总结为以下 4 点：

- 节省了人力成本。便利店的日常经营非常琐碎耗时，店长以往在进货上需要花费大量的时间和精力，人力成本较高；有了自动配货应用后，每次能节省几小时的叫货时间，而这些省下来的时间就能用来改善服务。
- 库存盘点更容易。有了自动配货应用，门店的叫货周期缩短了，有利于清点库存，店员的工作量也明显减少。
- 不漏货，还能节省空间。进货全凭个人感觉的结果就是经常会漏报缺货的商品，影响门店的销售。自动配货应用帮助降低缺货率，提高商品流通率，门店的销售额也有不小的增长。
- 精准适配。某些可拆零的商品如红酒，可以按瓶向门店精准配发，保证门店的食品和用品不缺货也不长期存货，确保客户买到的商品总是最新鲜的，这也帮助门店提升与周边同业态的竞争力。

5.1.5 终端门店督导手机巡店

在零售企业的终端门店中，巡查门店是品牌商在各个城市的督导的主要职责，巡查的工作内容主要有以下 3 点：

- 对门店的人货结构进行摸底，了解门店当前的问题。
- 对正在解决中的问题进行监管，包括商品、导购、零售、库存等 4 个方面。
- 检查门店商品的陈列是否符合标准，对门店的标准化形象打分。

然而，这些工作的相关数据全部由督导手工记录在册，没有 IT 系统支持，因此受人为因素的影响很大，主要有以下问题：

- 督导一般采用打电话询问门店的方式规划巡店路径，经常会遗漏店铺，来不及巡查。

- 对于门店商品结构方面的情况，督导到店后打开店里的电脑才能查到进销存信息，然后查找问题，再想对策，这种方式耗时耗力。
- 对于导购的业绩情况，督导巡店前只能参考月度结算单，无法获知其最近的业绩表现，也就无法及时对导购进行辅导。

针对以上 3 个问题，不少零售企业的督导希望能得到 IT 系统的支持，提出一系列需求：通过移动端应用自动规划巡店路线，确保不漏掉一个门店；在手机上就能了解门店的商品结构，提前做好功课，到店里就可以直接讲方法；导购的业绩也要清清楚楚地发到手机上，到店后避免无效沟通，而是做针对性的辅导。

某体育用品零售企业对这个问题的解决思路是通过已有的移动 BI 平台开发出一套督导巡店应用，最终实现如下功能：

（1）规划巡店路线。督导巡店应用基于手机 LBS（基于位置的服务）定位数据，显示周边 10 公里以内的门店，按距离远近排序（根据高德地图+经纬度算法计算直线距离），为督导提供路线规划依据。

（2）了解门店的商品结构，并提出改进意见。一般情况下，督导的思路是依次查看某几个大品的销存结构（含同比），按男女装、长短装拆分某几个大类的销售情况，查看系列环形图分析、销量年季分析、Top SKU 分析、Top 款式明细等内容（参见图 5-10），然后标识异常情况并思考应对策略。

（3）了解导购业绩，提前发现 KPI 异常。对于导购的业绩情况，督导的思路是先看其在全公司的排名有没有变化（这也是督导的考核指标），接着再看零售额排名为前 3 名和后 5 名的导购，从小票数、客单价、连带率这三个软指标剖析原因，做到对关注对象心中有数。由于导购的流动性较大，所以最后还要甄别导购的入/离职情况，督导经常看导购的业绩，就很容易发现人员变更。

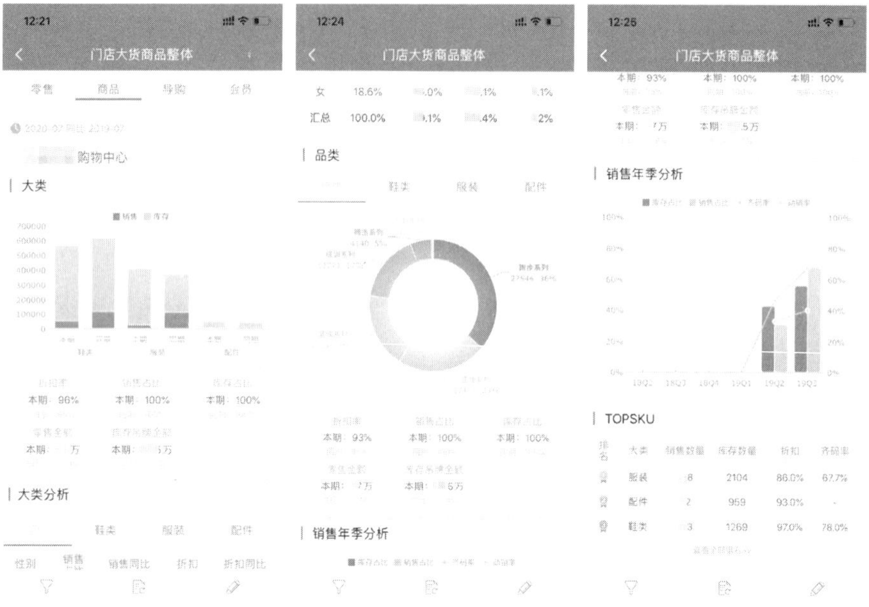

（a）　　（b）　　（c）

图 5-10　门店商品结构分析

该企业的督导采用手机巡店后，巡店效率得到明显提升，和店铺导购的沟通更具有针对性，查看手机就能发现和解决问题，实现闭环。同时，全公司店面数据对督导透明以后形成了赛马机制，排名的压力会驱动督导去关注排名靠后的店铺，而排名靠前的优秀店铺也继续努力保住名次，变得更加优秀。

5.2　金融行业

金融行业包括银行业、保险业、信托业、证券业和租赁业等细分行业。具体的金融企业也被称为金融机构，一般具备指标性、垄断性、效益依赖性、高风险和高负债经营等特点。除了全面风险管理等通用场景外，BI 在不同类型的金融机构中还有一些特色应用，例如银行的网点业务量分析、证券机构的用户地图、基金路演等。本节将一一介绍。

5.2.1 证券公司全面风险管理

风险管控是各类金融机构的重要任务。一方面，金融行业由于其交易场景复杂、覆盖范围广，本来面对的风险就比其他行业多；另一方面，随着科技的发展，金融机构的各类新兴业务如互联网金融、电子支付等也带来了不少新的风险，因此企业要想最大限度地减少或者避免风险，就需要全面管控，即全面风险管理。

很多金融机构都建设了各类风险管理系统。以笔者的客户，某证券公司为例，在用的风险系统就有净资本风险管理、市场风险管理、信用风险管理、操作风险管理、实时风险监控等多套系统。全面风险管理工作需要同时使用多套系统中的数据，而由于各风险管理系统相互独立，对数据的整合分析就只能在线下进行，这样既大大降低了数据分析效率，又不便于在系统中展示和回溯分析结果。

于是，该证券公司利用 BI 工具搭建了全面风险管理信息平台，归集全部风险监控指标，一站式管理各类风险。这个 BI 平台分为全面风险管理驾驶舱体系、全面风险管理日报、风险管理工作台等 3 个部分。其中驾驶舱负责直观、实时地展示数据，日报负责全面、精确地统计数据，工作台则用于帮助风险管理人员规划和协调工作。

1. 全面风险管理驾驶舱体系

驾驶舱使公司决策层和各业务线风险管理负责人能直观、清晰地看到可视化的风险指标，如盈亏、VaR（Value at Risk，风险价值）情况、负面舆情、限额情况、预警情况等，为全面风险管理提供支持。图 5-11 所示为驾驶舱体系中的自营（业务）全面风险管理驾驶舱界面。

据反馈，驾驶舱使各业务线风险管理人员彻底摆脱同时登录访问 5 套系统、查询 10 余项菜单的烦琐操作，每人每天至少节省半小时，全年共可节省出 1300 多个小时，约合 55 天。

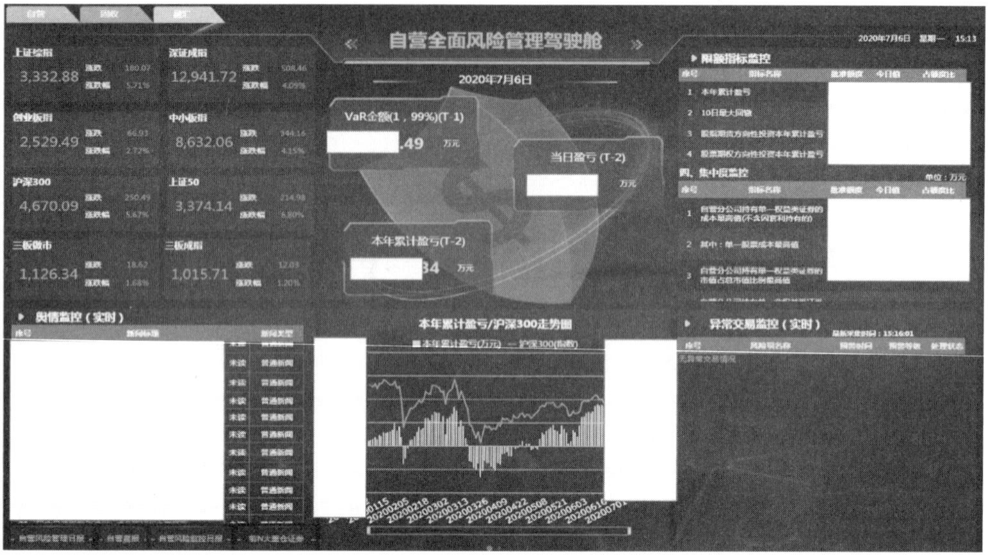

图 5-11　自营（业务）全面风险管理驾驶舱界面

2．全面风险管理日报

该公司管理层每天都要了解各条业务线的风险情况，此前都是由风险管理人员每天手工整理风险管理日报并向上级汇报，但由于该公司是一家综合性券商，涉及的业务较多，编制一份风险管理日报需要花费较长时间。例如，仅完成一份自营业务风险管理日报就至少需要 1 小时，并且管理层查看日报时的体验也不好。

建立全面风险管理信息平台后，平台在员工每天上班前自动生成 T-1 日各业务线全面风险管理日报，图 5-12 所示即为自营（业务）风险管理日报。平台还自动采集各风险管理系统中与日报有关的指标数据，经过数据清洗、处理和计算后形成各业务的风险数据集市。日报中包含百余个风险监控指标，每一个指标的计算方式都不同，有部分指标点击后还可以进入详细信息页面。此项功能是原有手工编制的日报无法提供的，日报的阅读体验大幅改善。

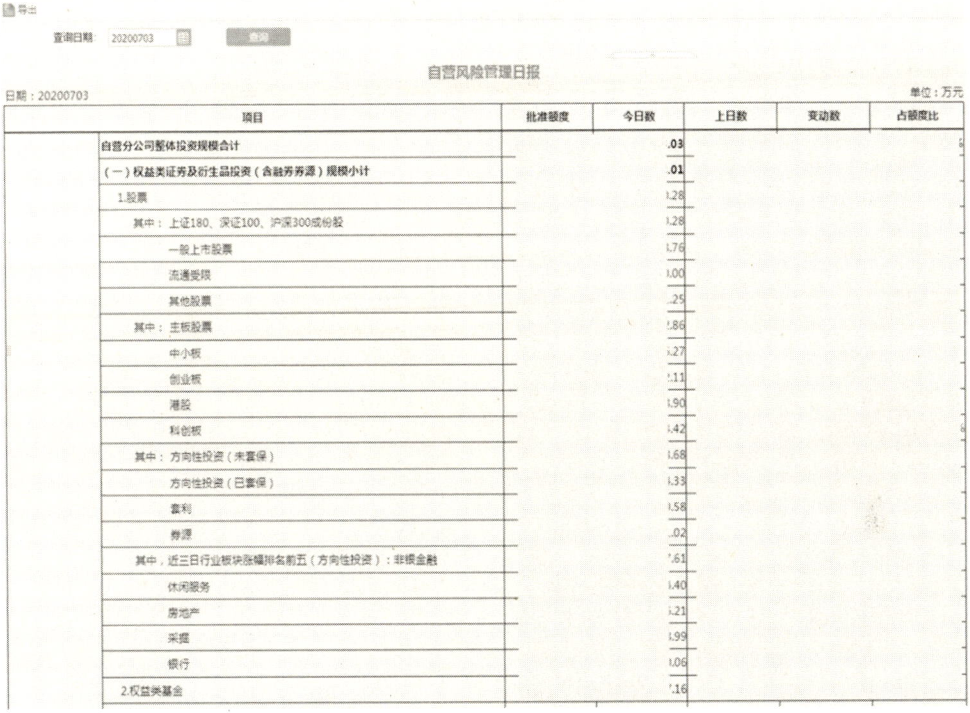

导出

查询日期: 20200703 查询

自营风险管理日报

日期：20200703 单位：万元

项目	批准额度	今日数	上日数	变动数	占额度比
自营分公司整体投资规模合计		.03			
(一) 权益类证券及衍生品投资(含融券券源)规模小计		.01			
1.股票		.28			
其中：上证180、深证100、沪深300成份股		.28			
一般上市股票		.76			
流通受限		.00			
其他股票		.25			
其中：主板股票		.86			
中小板		.27			
创业板		.11			
港股		.90			
科创板		.42			
其中：方向性投资(未套保)		.68			
方向性投资(已套保)		.33			
套利		.58			
券源		.02			
其中，近三日行业板块涨幅排名前五(方向性投资)：非银金融		.61			
休闲服务		.40			
房地产		.21			
采掘		.99			
银行		.06			
2.权益类基金		.16			

图 5-12　自营(业务)风险管理日报

3. 风险管理工作台

风险管理的工作较为繁重，相关人员需要同时处理多项工作，及时记录各项数据，定期总结、回查工作内容等，因此，该公司自主研发了风险管理工作台，使风险管理工作有序进行。

如图 5-13 所示，风险管理工作台将工作分为动态工作、固定工作和年度重点工作，根据重要程度又把这些工作划分为动态一般、动态重点、固定一般和固定重点。其中固定工作的频率划分为日、周、月、季度和年度，工作台可根据对应频率自动生成工作任务，防止固定工作被遗漏。工作台还具有派发任务，自动生成工作总结、工作计划的功能。将所有工作内容录入工作台后，其记录的工作量将为员工绩效考核提供依据。

图 5-13 风险管理工作台首页

与 OA 系统注重工作流程管理的定位不同，风险管理工作台则更注重协调团队工作、有序管理工作计划、自动提醒待办的固定工作等。据统计，工作台上线运行后，该公司的风险管理人员工作效率提升至少 30%以上，团队的工作协调性也提高了。

5.2.2 银行网点业务量综合分析

网点是银行接触客户的终端，现代银行的网点虽然相比互联网获客而言效率较低，但是在便民服务和形象展示方面，完全无法被互联网取代，特别是一些传统银行或者中小银行，网点就是它们的生命线。

网点有其不可替代的作用，但是网点的运营却并不是那么容易，存在不少的问题。例如，网点的运营成本那么高，怎样才能带来相应的回报？有些网点有非常好的资源，但业务量却不多，而有些网点资源一般但是人效极高，区别在哪里？另外，每家银行在某一地区的营业网点会达到几十甚至上百个，如何衡量各网点的业务规模与周边环境是否匹配？网点的资源配置是否充分考虑了客流情况？

对于这些问题，一个有效的解决方法便是利用 BI，结合网点周边环境情况，综合分析网点业务量，找出网点可改善的业务并给出建议。具体来说，对网点业务量的综合分析可以按照以下步骤展开：

（1）获取内部数据。基于行内核心系统、柜面系统等，统计得出每个网点的存款余额、网点日均业务量以及近三个月业务量的平均值等重要经营数据。

（2）获取外部数据。基于百度地图 API，通过编写 Python 程序，抓取银行网点的地理坐标以及周边的小区、写字楼等 POI（Point of Information，信息点）位置，生成热力地图。

（3）根据前面获取的数据，分析网点周边写字楼和周围小区的分布情况。

（4）将内外部数据整合后，得到网点的经营业绩与周边环境的对照关系表，如图 5-14 所示。

机构名	存款年日均（亿元）	业务量（笔）	地址	周边小区数量	周边写字楼数量
营业部		840	大厦B座	114	36
场支行		792	广场19	91	12
支行		675	新华路18号	87	32
支行		647	马路188号	233	126
营业部		643	海西路10号	137	26
支行		633	街61号	101	5
营业部		553	安路86号	84	63
桥子支行		532	马路228号	161	92
支行		520	路269号	156	12
支行		513	段14号	102	11
支行		504	学街27号	48	3
支行		494	路366号	329	44
支行		493	街2号	83	2
支行		481	路12号	148	20
支行		474	路8号	108	11

图 5-14　网点经营业绩与周边小区及写字楼数量对照关系表

（5）综合考察各项数据，对不同类型的网点给出针对性建议。

- 网点业务量大、业绩佳：增开服务窗口，增设智能机具，并增加大堂经理人数，帮助疏导客流至智能机具办理业务。

- 网点业务量大、业绩差：增开服务窗口，增设智能机具，并增加大堂经理人数，帮助疏导客流至智能机具办理业务；理财经理加大营销力度，通过精准营销提升对网点到访客户的营销成功率。
- 网点业务量小、周边客群资源丰富：根据周边环境开展营销活动，客户经理加大营销力度，提升网点客流量，沉淀客户资金。
- 网点业务量小、周边客群资源少：适当压缩网点规模，释放冗余资源，提升服务饱和度。

某银行在 BI 系统中实现网点业务量综合分析后，其 CIO 给出了非常高的评价，认为网点业务量综合分析揭示了该行网点的资源匹配度，并且为网点改革方向提供了数据支持，切实提高了网点的运营效率和投入产出比。

5.2.3 证券公司用户地图

采用传统的线下营销模式，当用户量不断增加时，金融机构的营销人员、营业部、分公司都缺乏有效的方法去了解用户。一般都是营销人员根据自身经验寻找潜在用户群，而这样做有两个弊端：一方面，可能花费大量的精力向那些非目标群体的用户推销产品；另一方面，真正需要产品的用户并没有被及时地发现，没有营销人员与之沟通。用户地图可以有效解决上述问题，帮助金融机构了解用户情况，制订精准的营销策略。

用户地图的设计和开发一般要经历用户需求调研、数据整理与加工、BI 工具实施、权限分配等环节，具体功能主要包括用户洞察、用户分群、用户画像、业务线情况、生命周期等。下面以笔者的客户某证券公司的用户地图为例进行介绍。

（1）用户洞察模块。用户洞察是一个大的模块，主要实现用户分群、用户洞察、用户画像等 3 个功能。如图 5-15 所示，管理员首先根据系统中的用户年龄、性别、资产、交易以及产品购买情况等维度对用户群进行任意的分割，并通过用户洞察模块查看分割后用户群体的各维度情况。

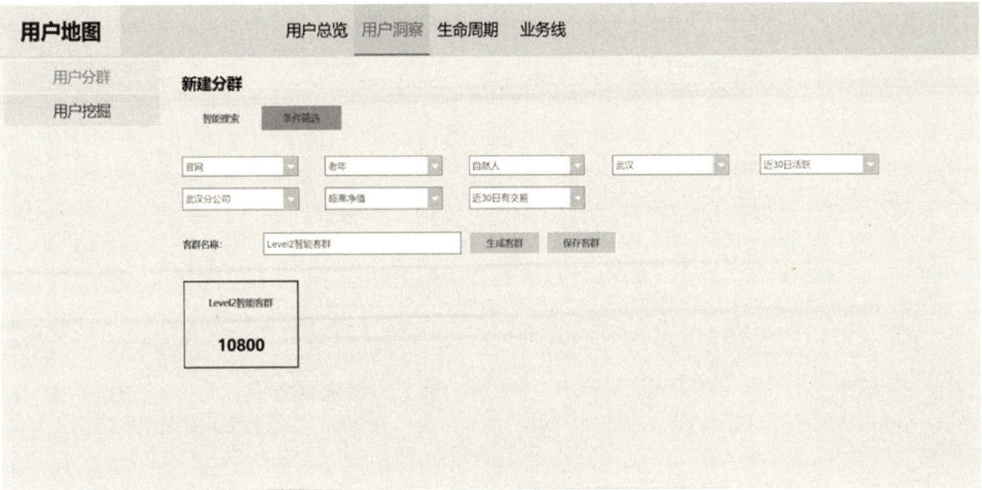

图 5-15　用户分群

完成用户群的划分后，BI 系统针对营销人员筛选的用户群，对用户群的整体评分、对销售额的贡献以及预测的产品销售转化率等进行可视化展示，帮助营销人员判断所筛选的用户群是否符合业务标准。另外，相似用户群的信息也可以帮助营销人员找到更多目标用户。

用户画像功能则用于查看用户的销售特征，方便营销人员开展针对性的营销活动，提高营销转化率。用户画像对用户各个维度的信息进行展示，包括用户的来源渠道、活跃程度、资产情况、对销售额的贡献以及偏好等（参见图 5-16）。营销人员可以实时观察用户群的情况，及时调整相关策略。

（2）业务线管理模块根据部门业务线的划分来展示各个业务线的情况，包括理财产品销量、投顾服务销量、新开户情况等，如图 5-17 所示。各业务线人员据此查看自己业务方面的实时情况，及时调整，提高业务的响应度。

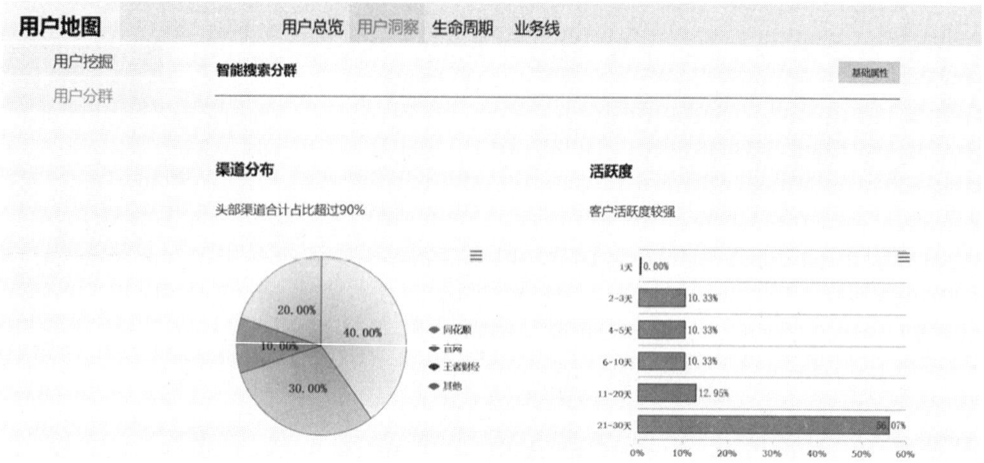

图 5-16　用户画像示例

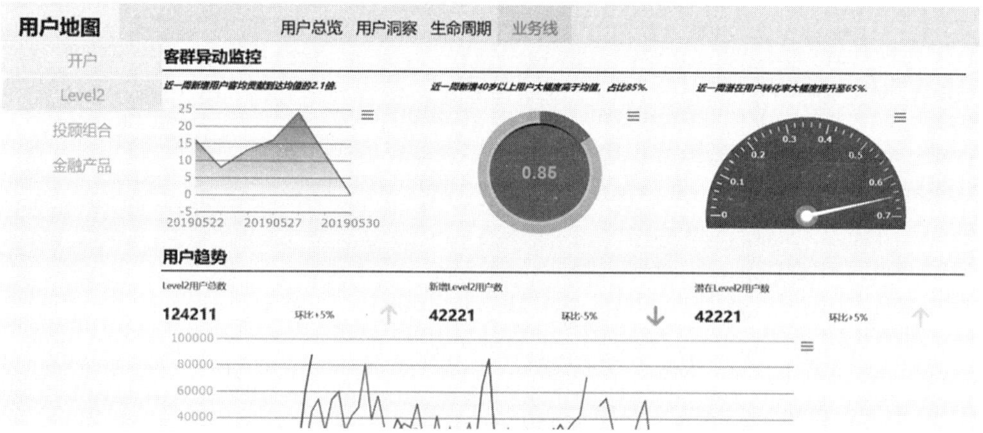

图 5-17　业务线管理模块界面

（3）生命周期模块从生命周期的角度展示了处于新手期、成长期、成熟期、衰退期等阶段的用户分布情况，便于分析用户的特征，发掘每个阶段用户的异动情况，及时调整相应的营销策略。

用户地图挖掘用户信息、监控业务线的运行，极大地提高了该证券公司营销活动的效率，给线下、线上营销带来了很多便利。

首先，营销人员可以使用系统快速筛选出适合为其推送营销信息的用户，使得线上推送更加精准，优惠券转化率平均提高 100%，效果十分明显。用户购买转化率平均提高 50%。

其次，线下管理员通过精准定位用户，使得每名营销人员所分配到的用户更加精准，数量更少。这样，营销人员有更多的精力去服务目标用户，而不是机械地不断给用户打电话。在使用用户地图后，营销人员人均服务的用户数从 200 左右下降至 50 左右，但用户转化率提升了 20%，产品销售总额提升了 30%。

最后，完整的用户群分析提高了决策效率。总部领导以及分公司、营业部的领导可以通过该系统全面地分析、了解所辖用户的情况，对用户群体进行跟踪，及时做出相应的运营决策，分析用户的时间减少了一半以上，效率显著提高。

5.2.4 金融机构线上基金路演

所有基金或资产管理公司都需要给机构和客户做路演，每次路演基金经理都是使用路演 PPT 文稿为投资人介绍公司和基金产品情况的。但是，传统的线下 PPT 文稿路演的形式存在以下两个问题：

- 基金经理众多，而且缺少平台对路演 PPT 文稿统一管理，每个人拿出去的版本可能不一致。
- 路演 PPT 文稿中的文字描述部分一般不会发生变化，但涉及的数据指标却是时常变化的，而这些数据如管理规模、基金产品数量、同业排名、基金经理信息、收益率变动趋势等，分散在每页 PPT 文稿中，每次路演时基金经理都需要查询最新数据再手动修改，耗费大量时间，并且可能会存在数据不准确的情况。

于是，很多金融机构别出心裁，将基金路演搬到 BI 系统中，成为线上基金路演。线上基金路演的实现非常简单，其核心思想就是通过 BI 工具设计 PPT 模板，将路演 PPT 文稿嵌入 BI 系统，其中的数据指标和分析图表与底层数据对接，每天更新。所有基金经理统一使用线上 PPT 文稿进行路演，从而统一版本，统一对外发布的数据指标，确保数据安全。图 5-18 为某金融机构的线上基金路演 PPT 文稿页面示例。

图 5-18　某金融机构线上基金路演 PPT 文稿页面示例

5.3　制造行业

制造业是一个非常庞大的行业，涉及电子电气、能源化工、机械设备、食品、纺织等各个方面，而具体的生产制造也分按订单生产、按库存生产、重复生产、批量生产及连续生产等多种形式。然而，不论是哪一类制造业，生产、销售、供应链都是三大核心环节。因此，制造业在应用 BI 时关注点集中在一线生产情况、生产设备、物资采购、库存管理、销售管理等方面。本节聚焦生产和设备物资管理场景，介绍生产可视化、物资全生命周期管理和阿米巴经营等 BI 应用。

5.3.1　生产可视化

生产是制造企业的首要任务。如今很多制造企业生产自动化程度较高，其生产数据具有规模庞大、底层数据须多重关联分析等特点。在传统管理模式下，生产数据并未得到充分重视和利用，有如下的问题：

- 生产数据反映出的问题容易被掩盖，难以及时发现，而且即便发现了也无法追责。
- 手动统计数据大大增加了一线员工的工作量，占用人力，不利于企业人力资源优化。
- 厂部级领导很难有效监控各分支机构的生产动态，对生产环节存在的问题无法及时反应、及时解决，严重影响企业生产效率和经营成本。

因此，大部分制造企业希望通过数据挖掘生产力，保持生产的高效与稳定，实现降本增效。

生产可视化将各类生产数据和指标在 BI 系统中进行可视化展示和分析，帮助企业监控异常情况，保障生产正常运行，同时也节省汇总统计数据的时间，提高效率，是 BI 在制造业的一个主要应用。

生产可视化涉及的具体内容因企业而异，一般来说有生产可视化看板和生产机况监控等具体应用。

1. 生产可视化看板

某企业生产部门在开晨会前会分析前一日的生产日报数据，方式是在不同的业务系统中抓取详细数据，然后用 Excel 或者 PPT 汇总制作日报。从抓取数据到制作完日报可能需要两三个人花费半小时的时间，此项简单的重复性工作对生产部门的人力资源分配有较大影响。

为改变这一现状，该企业 IT 部门在收集生产部门每日晨会最核心的部分数据后，用 BI 工具开发了如图 5-19 所示的生产数据展示平台（生产可视化看板）。生产可视化看板能够自动获取各分厂的各项生产数据，以图形方式简捷明了地展现全局状况，既帮助生产部门节省了获取数据制作报告的时间，又实时展现生产数据，准确反馈了达产状况。

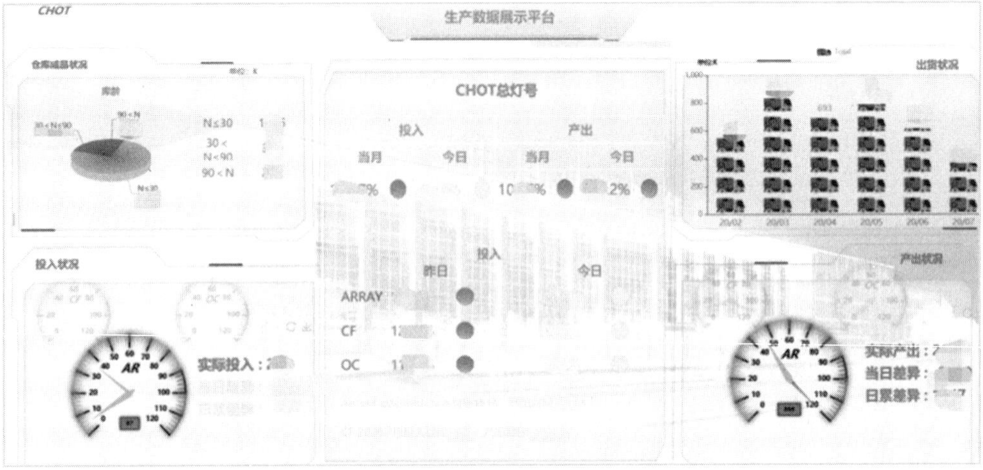

图 5-19　某企业生产数据展示平台

在此基础上，IT 部门还设置了数据报警阈值，数据一旦超标，将显示红灯进行警示，控制风险，减少产能漏洞。另外，通过在后台汇总数据，看板的数据刷新时间降到 3 秒以内，几乎可以做到实时打开、实时查看，并且能够实时查看当日的分时达产状况，对企业产能达标起到了重要督促作用。

2. 生产机况监控

某些制造企业的部分生产线线体过长，一旦设备出现问题，如不能及时定位和解决，将会给企业造成无法挽回的影响。

在某 LCD 制造企业中，经常发生工厂机台停机几个小时后车间管理人员才得到消息的情况，极大影响了产能。该企业决定对装置负荷机台进行实时监控，解决此问题。他们利用 BI 系统和数据大屏，通过图形直观展示各设备单元的实时运转情况，对设备宕机、切换线等各种机况以不同颜色展示（参见图 5-20）。而且，在屏幕下方显示了当天各机台机况的切换情况及用户上报的备注说明，可直观了解工厂内当天的设备运转情况，以便追查问题。BI 系统每 10 秒抓取一次数据更新数据大屏，保证对设备的监控实时有效，及时发现问题并预警。

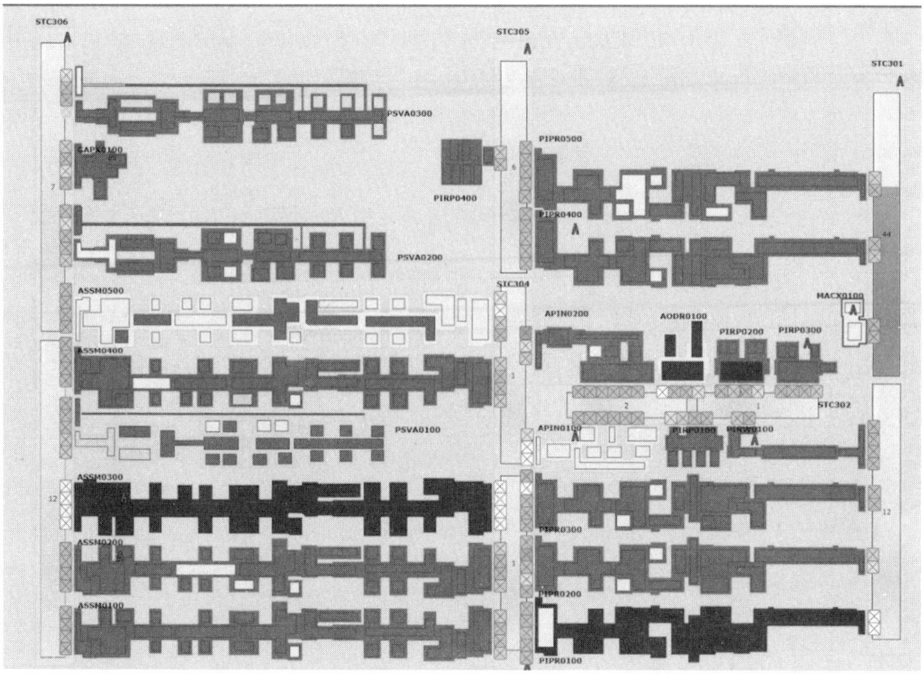

图 5-20　生产机况监控

5.3.2　物资全生命周期管理

对于制造企业来说，物资是生产过程中最关键的要素，物资管理是企业日常经营中非常重要的一环。然而长期以来，不少企业的物资管理采用在现场手工记账的方式，这种人工操作的方式带来以下几点问题：

- 操作现场的信息传递滞后。物资信息在现场被人工录入后经过统计人员汇总形成报表，最快次日才能报送至职能部门相关工作人员手中，并且库存信息的准确性不佳。另外，物资库存水平高，资金占用多，存在物资浪费、成本增加的风险。

- 物资的领用、更换和使用等管理数据仍由人工记录，缺乏长期、完整的数据，也无法有效地整合。物资计划不准确，物资使用情况不透明，难以对供应商做出评价。此外，人工记录的纸质单据还很容易丢失。

- 未对物资使用周期的全过程进行监控，对于物资信息缺乏综合分析，利用率低，物资的使用流程无法进一步优化。
- 未能利用信息化手段指导物资管理工作。

基于 BI 的物资全生命周期管理系统围绕入库、库内管理、出库等环节，针对这些问题提供了一套完善的解决方案。整体的思路是首先通过身份码，将物资按一物一码（一批一码）确定身份，再按照身份码将采购订单、物资与货位精确对应，将物资的上/下架、出/入库、拣选、领用、使用等操作记录下来，形成物资档案，实现对物资使用的精细化管理，保障物资的有效流转，准确跟踪订单的执行情况。具体步骤如下：

（1）梳理业务流程，通过扫描二维码将入库前、库内和出库后的各类操作信息录入系统，确保及时、准确地收集数据。图 5-21 所示为梳理出来的业务流程。

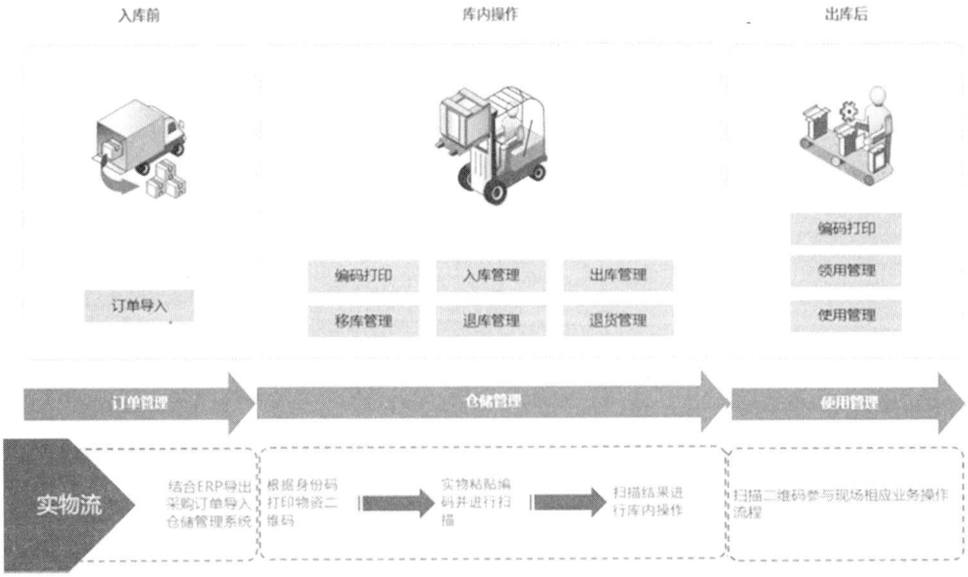

图 5-21　业务流程

（2）对收集的数据做分析。在 BI 系统中实现基础信息、操作管理、综合查询、综合分析、综合检查等功能模块，为领导及职能部门相关人员提供管理和决策依据。

- 基础信息模块采用成本中心与物料信息数据作为基础数据源，建立完善的仓库管理制度，制定标准的库位编码体系。

- 操作管理模块提供订单导入、编码打印、入库管理、出库管理、移库管理、退库管理、退货管理等功能。采购人员将采购订单信息导入物资全生命周期管理系统，操作人员打印出系统生成的物资编码后，用终端设备扫描库位编码及物资编码，进行入库、出库、退库等操作。图 5-22 所示为某制造企业物资出库、移库操作在 BI 系统移动端的页面。

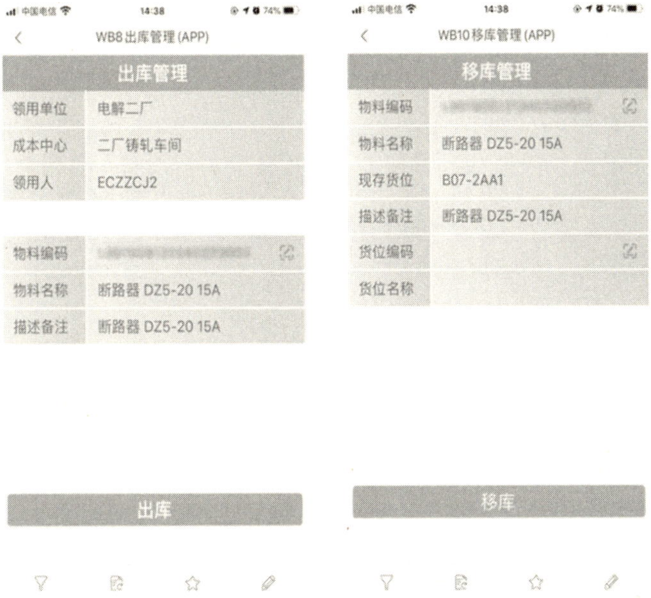

图 5-22　物资出库、移库操作在 BI 系统移动端的页面

- 综合查询模块包含库存查询、入库查询、出库查询、退库查询、历史库存查询、物资信息查询等功能，提供对各种操作记录的查询，使操作人员可以方便快捷地检查其操作是否正确有效。

- 综合分析模块包含物资信息播报、物资平衡分析、物资使用情况分析、单一物资信息分析等功能，以图形、图表的方式为领导及职能部门提供清晰、直观的数据，以便从不同维度和粒度了解企业物资的使用情况。

- 综合检查模块对订单的导入、出/入库、领用、使用等关键控制点的数据进行对比校验，自动产生检查结果，减少检查过程中的人力干预，确保物资管理制度被有效执行。

物资全生命周期管理系统的价值主要有两个方面。一方面，它实现了物资管理流程的标准化。此系统结合企业物资管理制度，规范了物资仓储、货位/货架、物资使用等标准化业务流程的管理，并且做了优化，使对物资的管理更加合理。

另一方面，物资全生命周期管理系统使数据可追溯，实现对物资相关数据的跟踪管理。该系统收集完整的物资履历数据（图 5-23 所示为该企业的物资履历信息实例），做到了物资使用周期全程的数据均可查；物资管理部门可在系统内跟踪和监控物资的使用、消耗情况，比如谁申请、谁使用、数量多少等，相关信息一目了然，一旦出现异常情况可以快速找到责任人，有效减少物资浪费，起到降本增效的作用。

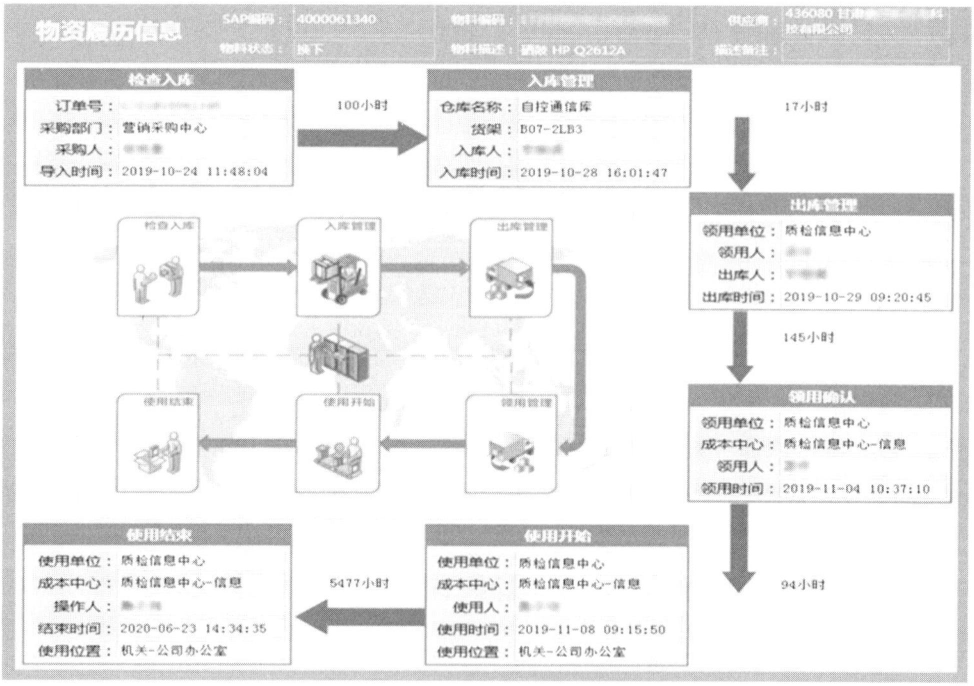

图 5-23　某企业的物资履历信息

而这两个方面的价值最终也体现在企业的经济效益上。笔者的客户企业通过物资全生命周期管理系统，盘活资金约 500 万元，盘出待处理物资价值超千万元，降低了库房的资金占用率，同时节省了备件和辅材的开支。

5.3.3 阿米巴经营助力无纸工厂建设

阿米巴经营理念因稻盛和夫对日航的重塑而在整个航空行业内被人熟知，在制造行业中的应用也较广。其核心是将组织层级拆分成独立的巴结构后，各部门独立核算，只要应用得当，就能够有效解决企业的诸多经营问题。而阿米巴经营理念的落地与实践离不开数据，因为它对经营报表的核算粒度、及时性等方面要求较高，采用 Excel 手工核算的传统方式无法满足需求。因此，很多企业将阿米巴经营理念融入 BI 平台，企业 IT 部门全程参与，为企业导入阿米巴经营理念做好关键的数据支持。

阿米巴经营是管理理念和数据应用的结合，是 BI 的综合应用。本节以某制造企业的无纸工厂建设过程为例，介绍阿米巴经营与 BI 平台的有机融合。

在 BI 平台规划之初，该企业就将工厂的“数字化、自动化”作为新一轮数据应用的方向，确立了 IT 基础建设始终与公司发展和业务变革紧密结合的战略。在此战略的指导下，该企业贯彻阿米巴经营的基础理念，将定价管理、经营情况上报、经营会计、经营情况诊断、员工激励的流程，导入阿米巴核算平台，并对 TPM（全员生产维修）、SRM（供应商管理）、ERP 等 10 个系统进行整合，建立了全新的“无纸工厂”信息平台。经过 3 年的发展，该企业的“无纸工厂”计划已经落实到车间的方方面面。如图 5-24 所示，从采购收货、进货检验一直到拣货、装车等 20 个流程，都摒弃了传统的纸质办公模式，还通过多系统的集成，采用 BI 平台和数据大屏来展现及处理业务、监控生产质量。下面我们以几个具体的应用对该企业的“无纸工厂”信息平台进行介绍。

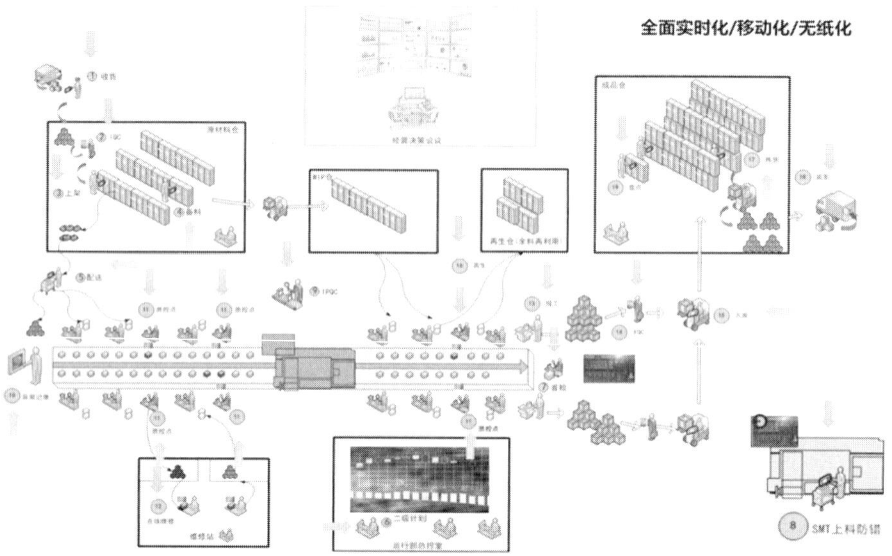

图 5-24　无纸工厂流程示例

1. 打通并整合多个业务子系统

为建成无纸工厂，该企业的 IT 部门首先用 BI 工具搭建了健全的体系界面，将 SRM、TPM、OA 等系统内的数据进行整合，实现了企业全价值链的数据互通。具体来说：

- 打通制造流程与计划管理系统，对项目进行全流程追溯，实现信息的实时反馈，提高效率。
- 打通工序流程与制造管理系统，利用数据监控与预警功能，实现精细化管理，减少无效人员投入。
- 打通制造流程与质量管理系统，通过报表权限的分配设定模块责任人，从而进行更高效的精确分析，全面提升质量管理水平。

如今每个部门都将业务数据、文件包等与 BI 平台进行了关联映射，保证数据公开且不丢失，同时也打通了各个模块的数据孤岛，最大化地利用及挖掘当前的数据能力。2019 年，该企业仅财务费用一项就同比下降了 3%。

2. 存货预警系统

在整合各个业务系统的数据后，该企业发现很多业务还是处于月末总结的阶段，不能及时反映过程中的问题。所以，IT 部门针对仓储模块打造了物料、半成品、成品生产仓、成品销售仓的可视化动态预警系统。

- 通过抓取和整理不同系统中的数据，存货看板（如图 5-25 所示）可以生成物料清单表和物料生命周期表，经过数据的联动和查询，以及多层钻取，很容易看出哪些物料长时间未使用，并给予相应处理。
- 通过对整理后的数据进行建模分析与可视化呈现，系统可以自动监控、识别存在异常状态的库存物资，并用柱状图、饼图等图表进行展示。同时，系统与微信集成，能够自动更新动态，自动推送消息。

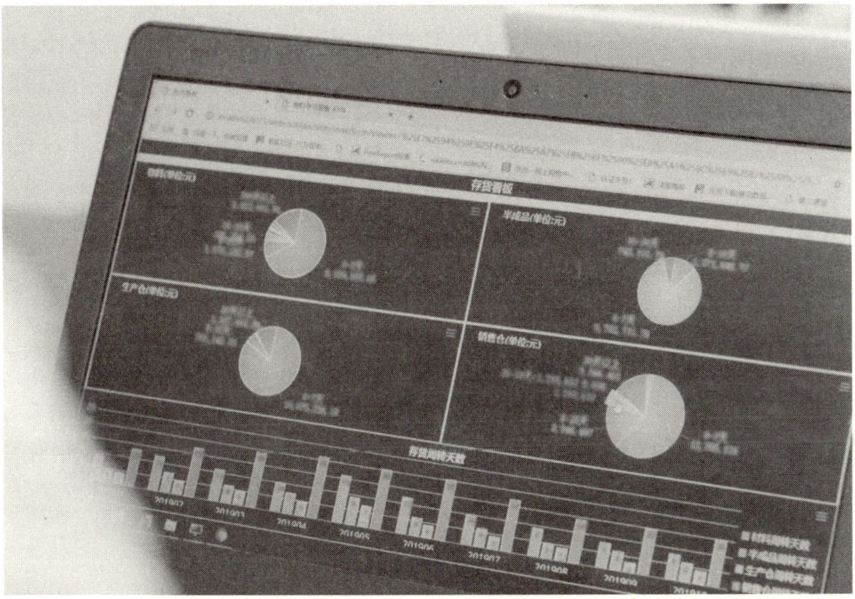

图 5-25　存货看板

如今，存货预警系统已经在该企业内得到大范围运用，库存周转天数从 45 天降到 18 天，库存周转率提高 130%，2019 年存货同比下降 30%。

3．价值流平台

为了降低运输成本、优化资源配置、提高运营管理水平，该企业对单个品类从原材料转化为成品的过程进行数据分析，搭建了价值流平台。例如，物流部价值流平台的收货汇总报表就起到了如下的作用：

- 各个区域负责人可查询当天物料的收/发/管情况，并且利用数据分析合理安排工作，减少工作中人员、物料等待的时间，及时反馈和处理问题。现场流程如图 5-26 所示。
- 对来料品质检验提供数据支持，同步推进从收货到检验，再到入库这个环节的整体节奏，进而提升效率。

图 5-26　物流部价值流平台现场流程

5.4　医疗行业

医疗行业是关乎民生的重要行业，医院、医药公司、医疗器材公司等都属于医疗行业。BI 在医疗行业中的应用非常广泛，在财务、人力等通用分析模块的基础上，增加了很多针对患者和药品的应用，例如护理管理、门诊流程分析、病案白板、科室分析，医药企业的药品流通管理、流向分析、药品质量分析等。本节主要介绍医院动态电子护理牌和药品流通管理中的信用风险管理两个应用。

5.4.1 医院动态电子护理牌

尽管绝大多数医院搭建了完善的信息系统，但是很多系统都有这样的问题，即住院部护士无法在一个界面看到本科室病区病人的动态信息，每次都需要逐一进系统查看，工作重复性较大，用时长，给护士们原本繁忙的工作增加了不少负担。更具体地说，这个问题可以拆分为以下业务痛点：

- 护士站使用护理白板手工记录信息，容易遗漏和写错，做标记的地方也影响护理白板的美观。
- 无病人动态护理情况一览表，护理人员无法第一时间查看本科室所有病人的具体情况。
- 护士无法从系统页面上直观分辨出本科室的高危病人，而采用手工记录的方式可能漏填信息导致病人出现危险，会引起医患纠纷。
- 护士无法直接查看科室所有病人对应的主治医生，与医生的沟通存在障碍，大大增加了临床护理工作量。

因此，医院需要在各种信息系统之上，提供完善的电子护理信息页面，帮助住院部护士减少工作量，提高工作效率。

某医院 IT 部门基于对业务的理解，借助帆软 BI 工具自助开发了图 5-27 所示的动态电子护理牌系统。该系统根据临床各科室的需求进行个性化设计，从 HIS（医院信息系统）中抓取数据，分左右两块区域展示本科室病人和医护人员信息，左侧展示病人总数、危重病人数等重要指标的汇总信息，以及每个医生和护士负责的床位信息；右侧按照床位号展示病人的住院号、性别、年龄、主管医生和护士等信息。

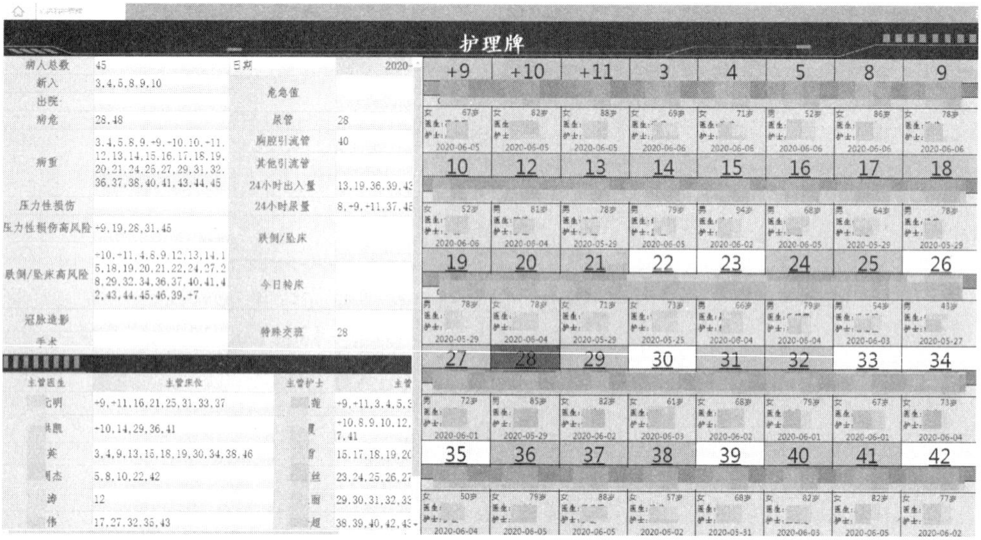

图 5-27　动态电子护理牌系统示例

动态电子护理牌在总览病人信息的基础上能够钻取各类信息明细，包括病人的诊断信息、医嘱、化验检查及影像检查结果、病人的住院费用明细等。同时，该系统内的数据随医生的医嘱变化而更新，达到实时性的要求，保证医生的医嘱能及时、准确地传达给护理人员。

总的来说，临床相关的护理信息都能在动态护理牌中体现。点击床位号即可获取该病人更多的治疗及护理相关信息，方便医护人员查看病人的治疗情况，大大提高了医护人员的工作效率，对病人的护理也更加及时、更有针对性，病人的满意度进一步提升。该医院医护人员现在能从该系统中一目了然地查看本科室所有病人的信息，并且界面上对危重病人用醒目的颜色标记，提示医护人员对该病人加强护理，同时也实现了按床位找人，提高了医生和护士之间的沟通效率。

5.4.2　医药企业信用风险管理

对于医药企业来说，客户的总量其实是很有限的，因此在竞争激烈的销售环境中，赊销是一种很重要的销售方式。但就像借钱给别人一样，这种方式存在很大风险，很可能给企业造成损失，所以在采用赊销方式时，了解客户的信用情况并管理信用风险，对于医药企业来说至关重要。

然而，很多药企在信用风险管理上都存在不少问题，主要体现在以下几点：

- 信用风险管理涉及客户数据、财务数据、人力数据，这些数据来源于不同的业务系统以及 Excel 文件，由于政策变动频繁，这些系统经历过大量二次开发过程，导致数据源混乱，难以用于信用风险分析。
- 由于授信管理的方式是子公司单独授信，不同子公司对同一客户的不同人员单独授信会产生对同一客户多次授信的情况，加大授信风险的管理难度；授信资金的回笼需要一线业务人员不断跟进客户，如果无法清晰掌握不同组织的授信资金规模和回笼效率，对企业来说就没有办法预估风险，更不要说合理制定风险管理预案了。
- 虽然信用风险是企业需要关注的重要问题，但是子公司、部门以及销售人员的绩效考核与信用风险没有关联，导致在企业各层级中都没有明确的责任人管控信用风险，甚至有时会依靠高信用风险来提升业绩。
- 当前的方式是风险管理员线下通过 Excel 分析数据，在月度会议上汇报，高层无法及时发现风险，而发现问题后不能有效追溯和处理，风险预警与风险处置脱节。

针对以上问题，某医药集团利用 BI 工具开发了信用风险管理系统，为风控副总经理、授信部门等提供追溯和分析授信数据的入口，提高资金周转效率、减少资金逾期占用带来的风险和损失。

具体的解决流程如下：

（1）实施数据治理。建立客户和组织架构的主数据，梳理授信、逾期等信用风险相关的数据口径，通过清洗和建模形成信用风险管理模型，搭建在标准口径下便于信用风险管理的数据仓库。

（2）重塑业务。集团建立法人客户档案、子公司建立业务客户档案，并且在两个档案之间建立一对多的映射关系；由集团统一对法人客户进行授信管理，子公司与业务客户的业务往来要依据法人客户的授信政策执行。

（3）划分责任。从集团到子公司，再到部门和业务员，加强信用风险管理培训，将对信用风险的管理拆解到各层级的绩效考核指标中，对风险单元提前预警、对风险造成的损失进行追责，形成信用风险责任与各层级人员的强关联。

（4）优化管理。开发如图 5-28 所示的信用风险管理驾驶舱，汇总信用风险各要素的指标，进行多维分析和预警，帮助风控副总经理及时发现信用风险；同时，提供数据追溯的入口，快速定位导致问题发生的主要环节，采取补救措施并追责。

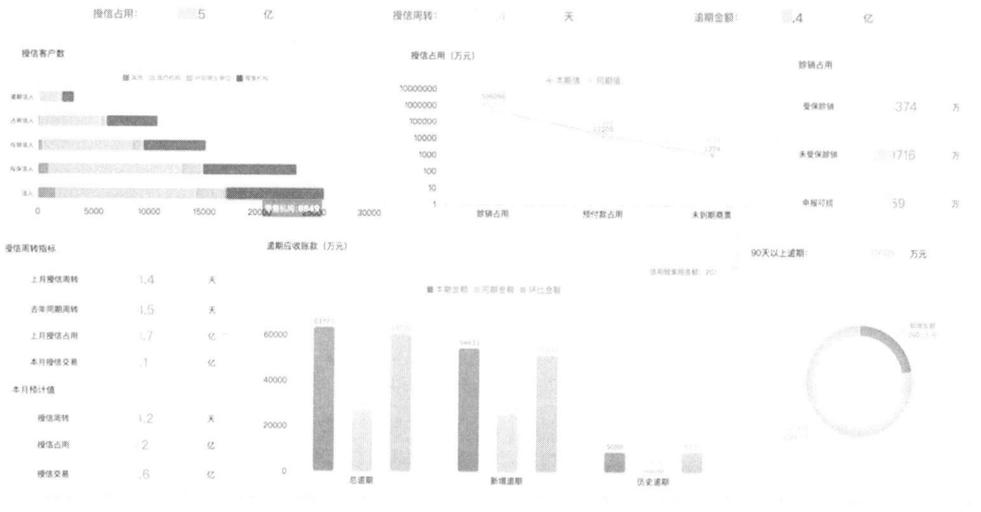

图 5-28　信用风险管理驾驶舱

该集团授信部门主管表示，信用风险管理系统实现了报表自动取数、统计分析和指标预警及跟踪等功能，为有效地进行风险管理提供了数据支持，为优化企业管理指出了方向，有力地支持了业务发展。

5.5 教育行业

高校青年学生在校期间的学习、生活、工作及心理等方面的状态通常会通过行为体现出来，而行为会产生大量数据，将这些数据汇总、清洗和挖掘后，就可以用来刻画学生的形象，这就是体现学生个体和群体思想行为的“大数据”。这些“大数据”具有量大、多样、复杂、客观等特点，蕴含鲜活的时代特征和丰富的教育价值。本节我们以校内“一表通”和信息预警两个代表性应用为例，介绍高校如何通过 BI 利用这些大数据辅助管理。

5.5.1 校内“一表通”

高校内人员集中，数量较多，对教职工和学生的档案管理是一大挑战。校内系统众多，对于各种档案数据，以往师生需要多头上报、多次填报，费时费力。为了避免此类问题，某高校利用 BI 工具建设了“一表通”项目，实现一表有数、全表通用，辅助档案管理人员做好学校的数据档案管理工作。

该校的档案数据主要有两类：一类是校内各业务系统已采集的数据，可以直接同步到 BI 平台进行查询；另一类是未收集的数据，可通过 BI 工具开发应用，由个人或相关负责人填报或导入。以个人档案数据为例，其中由人事、科研、财务等业务系统采集过的数据，集成到 BI 平台后，在填报表上设置为灰色，不可更改；需要另外采集的数据，在填报表上设置为可填/可改。BI 平台上的个人基本信息页面如图 5-29 所示。

一旦在 BI 平台上补充完善个人信息后，对于教职工的年度考核表、岗位申请表、职称申报表，学生的三好学生申请表、奖学金申请表等信息统计表单，如果该字段在其他系统中有数据，则无须重复填写，表单会自动填充，从而简化填表操作，提高数据利用价值，也为师生们节省了时间。

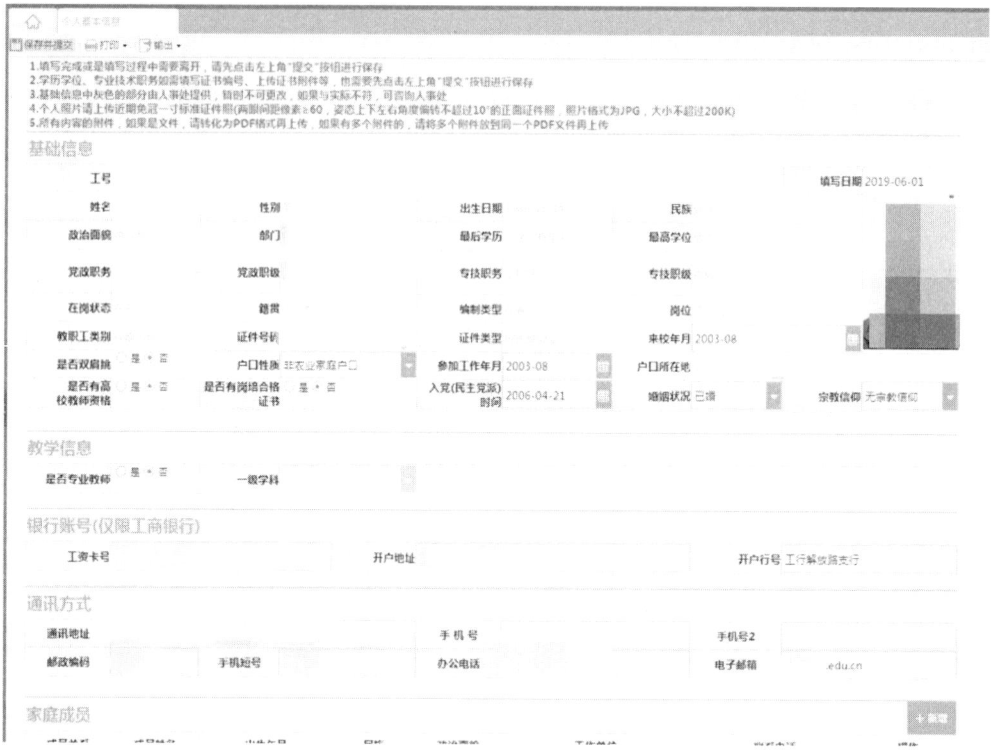

图 5-29　个人基本信息页面

这个“一表通”项目使得该高校教师上报数据的速度加快不少，减少了数据反复填报的问题。利用“一表通”建立数据档案后，很多表格，特别是年度考核表、教师职称表等需要关联多个数据源业务数据的表格，都可以在统计表单中自动生成。

5.5.2 信息预警

高校的主体是学生和教职工，既要关注学生的学业和生活状况，还要关注教职工的管理问题。面对庞大的学生数量和繁杂的教职工管理工作，信息预警应用能够帮助管理者及时发现问题，积极应对。具体而言，信息预警可以分为学生信息预警和管理信息预警两个部分。

1．学生信息预警

学生信息预警涉及多方面的信息，能够帮助教师、辅导员照顾到学生个性，处理突发问题。某高校在 BI 系统中开发了“一卡通消费预警”和“学生失联预警”模块。如图 5-30 所示，“一卡通消费预警”可针对指定时间段学生一卡通日均餐费均值和消费天数判断是否存在异常，有助于核实学生家庭是否真正有困难，发现非困难生中消费水平明显偏低的学生，做到定向资助、精准资助。辅导员可根据预警信息及时找学生谈心，了解情况，让学生切实感受到学校对自己的关心。

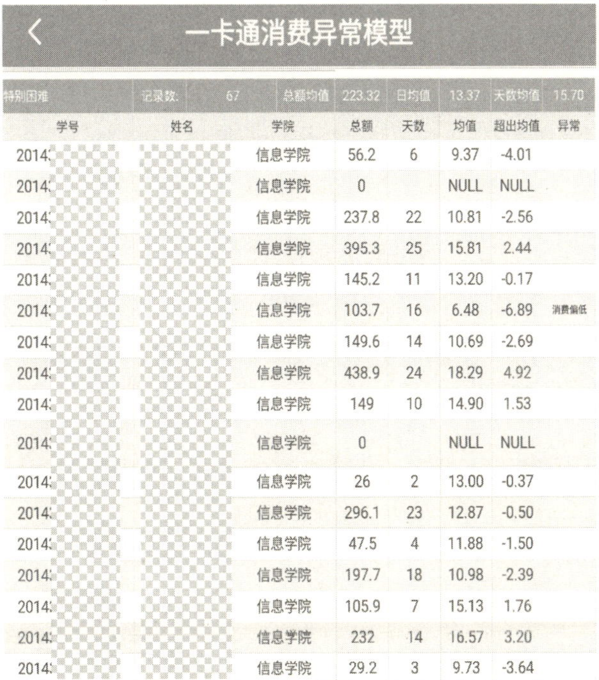

一卡通消费异常模型

特别困难	记录数: 67		总额均值 223.32		日均值 13.37	天数均值 15.70	
学号	姓名	学院	总额	天数	均值	超出均值	异常
2014		信息学院	56.2	6	9.37	-4.01	
2014		信息学院	0		NULL	NULL	
2014		信息学院	237.8	22	10.81	-2.56	
2014		信息学院	395.3	25	15.81	2.44	
2014		信息学院	145.2	11	13.20	-0.17	
2014		信息学院	103.7	16	6.48	-6.89	消费偏低
2014		信息学院	149.6	14	10.69	-2.69	
2014		信息学院	438.9	24	18.29	4.92	
2014		信息学院	149	10	14.90	1.53	
2014		信息学院	0		NULL	NULL	
2014		信息学院	26	2	13.00	-0.37	
2014		信息学院	296.1	23	12.87	-0.50	
2014		信息学院	47.5	4	11.88	-1.50	
2014		信息学院	197.7	18	10.98	-2.39	
2014		信息学院	105.9	7	15.13	1.76	
2014		信息学院	232	14	16.57	3.20	
2014		信息学院	29.2	3	9.73	-3.64	

图 5-30 “一卡通消费预警”模块的页面

“学生失联预警”模块（参见图 5-31）可以通过大数据自动计算学生过去 30 天或指定时间段内在校的上网记录、“一卡通”消费记录、图书借阅记录、出入轨迹记录等，发出学生失联预警，判定学生状态是否存在异常。尤其是重点关注各项记录一直正常而突然出现异常的学生，辅导员找准时机与之面谈，以便及时发现学生存在的问题。

学号	姓名	学院	年级	学籍异动	上网记录	消费记录	异动情况
2016		信息学院	2016		无	无	可疑
2016		信息学院	2016	保留学籍	无	无	
2016		信息学院	2016		无	无	可疑
2016		信息学院	2016		无	无	可疑
2016		信息学院	2016	休学		无	
2016		信息学院	2016			无	
2016		信息学院	2016	保留学籍	无	无	
2016		信息学院	2016	休学	无	无	

1、一卡通在30天内无任何消费记录；2、2018年4月15日以后无任何上网记录；3、可疑情况仅作参考，可作为学生谈心谈话观测点。

图 5-31 “学生失联预警”模块的页面

此外，该高校还开发了“网络成瘾预警”“学业预警”“休学/退学学生信息核查”等模块。通过“课堂考勤”、“学生失联预警”等模块，该高校一年中累计发现 4 起重度抑郁案例，还发现 10 余起学生学业问题案例，对于案例中的学生，学校及时提供了帮助，避免发生意外。

2. 管理信息预警

某高校原来在线下发布和报送督办业务，设置专人提醒各教职工完成数据的填报、统计与汇总、提交领导审阅等工作，不但费时费力、效率低，而且信息缺漏问题频发。BI 系统上线后，该高校在 OA 系统中建立督办流程，并在 BI 系统中将 OA 系统的督办数据与公文数据整合，开发了“督办预警”模块，采集督办信息，事项到期前自动提醒，无须再设置专人负责这项工作。

有了“督办预警”模块，该高校年均 3000 个文件督办和 600 个事项督办的执行进度一目了然，督办事项按时提报率达 99%，完成率也提高到 90%以上。

本章以零售、金融、制造、医疗和教育等 5 个行业为例，介绍了 BI 在行业中的典型应用。这些业务场景的 BI 解决方案各不相同，但是背后的核心思想却是一样的，即从行业数据涉及的主体（人、物、事等要素）出发，抓住痛点，将 BI 引入某个或整个数据流程，分析并解决问题。下一章我们从 BI 项目的关键支撑——项目人员的角度入手，介绍企业数据人才的培养。

第 6 章

企业数据人才培养

在企业的组织结构中，数据人才一般会以数据团队的形式归属于 IT 部门，负责 IT 基础设施建设、数字化转型、数据管理以及数据分析等工作。当然，有些特别重视数据人才的企业会单独设立数据部门。对 BI 项目来说，数据人才至关重要，如果没有优秀的数据人才和团队做支撑，前面章节所提到的策略和方法是难以被有效执行的。有调研数据显示，企业要想进一步增加 BI 项目产出的价值，“数据人才的培养”是最大的挑战（见图 6-1）。本章将重点探讨企业数据人才的现状和培养方法。

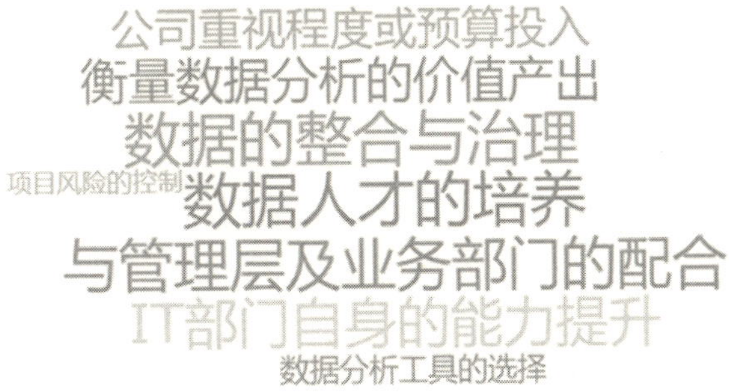

数据来源：帆软数据应用研究院《2019 企业数据生产力调研报告》

图 6-1 企业要扩大 BI 项目产出的价值所面临的挑战

6.1 企业的数据人才困境

越来越多的企业开始把数据人才作为企业经营战略版图的核心组成部分，集中表现在企业愿意花高薪聘请数据人才，数据相关从业人员的整体薪资水平也在不断攀升。无论是职位听起来“高大上”的数据科学家，还是资深数据分析师，或者普通的数据产品经理，在市场中都供不应求。本节就来仔细分析一下企业面临的数据人才匮乏问题。

6.1.1 需求与供给的不平衡

前面章节提到，数据已成为企业的关键生产要素，因此数据人才也“水涨船高”，成为企业应对市场竞争和持续发展的首要资源。一方面，近十年互联网企业飞速发展，产生了很多新岗位，不断吸纳各种人才，数据人才就是其中之一。互联网企业做的就是流量生意，天然地需要运用数据，从中挖掘价值，可以说互联网企业的基因中就带有数据依赖，因此对数据人才的需求十分旺盛。领英《2016 年中国互联网最热职位人才库报告》显示，各类岗位中以数据分析师最为紧缺，明显呈供不应求的状态，如图 6-2 所示。此外，大数据、AI、BI 等技术的迅猛发展也让大数据工程师、BI 工程师等数据岗位得以出现并受到市场热捧，再次扩大了互联网企业的人才需求。

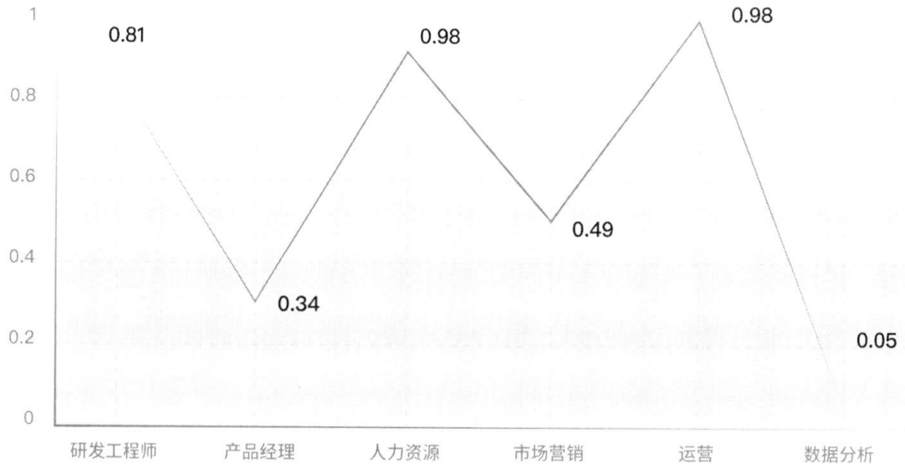

图 6-2　互联网最热职位人才供给指数

（人才供给指数大于 1，表示岗位人才供过于求；小于 1 则表示岗位人才供不应求）

另一方面，数字经济时代，传统企业曾经的商业模式和运营模式不再适用，数字化转型势在必行。而数字化转型的关键在于通过数据驱动企业决策和运营，因此，数据人才也成为传统企业追捧的关键资源。

企业对于数据人才的需求数量大，对人才素质要求也高。企业渴求的并不是普通的数据人才，而是精技术、懂业务、懂运营的高质量 T 型人才。其中精技术和懂业务是基础，拿 BI 项目来说，数据人才必须熟练掌握 BI 工具、数据分析工具，并且不仅能根据需求开发出满足业务场景的应用，还要能理解业务，从业务角度引导需求并规划场景应用；懂运营是进阶，数据人才要具备良好的沟通、协调、项目管理、运营、推广等能力才能保障项目的有效推进。当数据团队较小时，T 型人才能够面面俱到，保证数据类项目的进度和质量不受影响；当数据团队较大时，T 型人才因其各方面能力较为均衡，能够随时作为替补队员上场，有效应对各种突发状况。

然而，市场供给却不尽如人意，不仅人才总数的缺口大，符合要求的人才数量缺口更大。根据帆软数据应用研究院《2019 企业数据生产力调研报告》的调研结果（如图 6-3 所示），当前大部分企业中的数据团队规模都较小，不够成熟。仅有 19.77%的受访企业拥有 5 人以上的成熟数据团队，能够有力地支撑数据分析和 BI 项目，超过半数（52.33%）的受访企业只有 3~5 人的数据团队，20.93%的企业其数据团队人数不超过 2 人，甚至有近 7%的企业没有专门的数据团队，采用的是个别员工兼职的方式。由此可见企业多么缺数据人才，而数量都无法满足需求，就更不要说质量了。

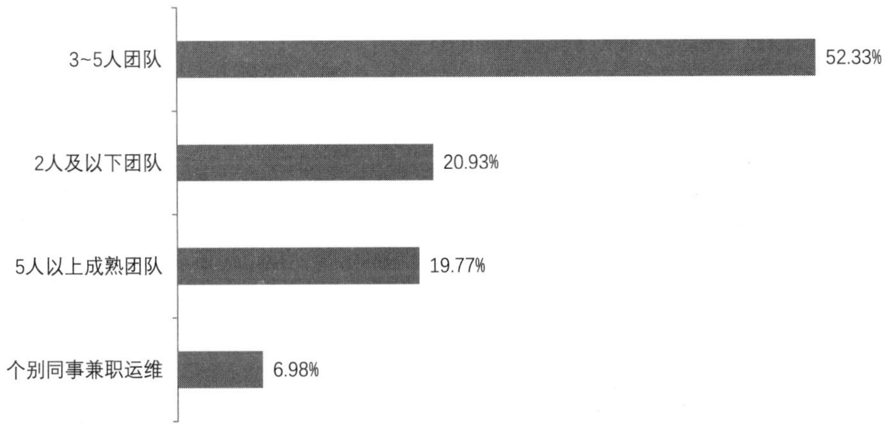

图 6-3　企业数据团队的规模

6.1.2　招聘与培养的矛盾

企业要配备足够数量和质量的数据人才，有招聘与培养两条路可走，但是这两条路都不容易。一般来说，招聘是企业快速找到人才的方法，但是由于整个市场供应不足，要招到合适的数据人才比较难。对传统企业来说，形势更不乐观，原因有以下两点：

- 相对于互联网企业动辄高出传统企业几倍的薪资标准，传统企业所提供的薪资水平对于数据人才缺乏吸引力，导致大量优秀的数据人才聚集在互联网企业，跳槽到传统企业的并不多。

- 传统企业由于业务复杂，接受数据文化的过程比互联网企业要漫长，不如互联网企业灵活，接纳新技术快，而且创新环境不足，推动数据项目建设的阻力较大。对部分求职者来说，创新环境的缺失直接导致数据工作在传统企业的价值不够大，没什么发展空间，在他们看来去传统企业也变成了一种次要选择。

此外，企业无法预知数据人才和业务团队甚至是企业能否产生良好的"化学反应"，招聘效果面临很多不确定性。有些企业用高薪招来的数据人才，虽然有着不错的背景和履历，但是入职后却"水土不服"，不能产生预期的贡献。

也有不少企业选择在内部培养数据人才。然而数据人才的能力更多地体现在思维层面，而思维方式的养成和转变需要较长时间，因此培养数据人才是一件成本高、周期长、难度大的事情。如果没有完善的方法作为指导，也很难培养出需要的数据人才。

具体来说，缺乏业务知识是企业数据人才的主要短板。从图 6-4 所示的调研数据来看，参与调研的企业其数据团队的成员都具备基本的应用开发能力；超过半数（51.16%）的企业表示其团队成员有一定的开发经验，常规的报表开发不成问题；26.74%的企业认为其团队成员具备从数据底层建设到前端可视化分析的能力。但是拥有既懂业务又懂技术的高手的企业并不多，占比仅为 9.3%。

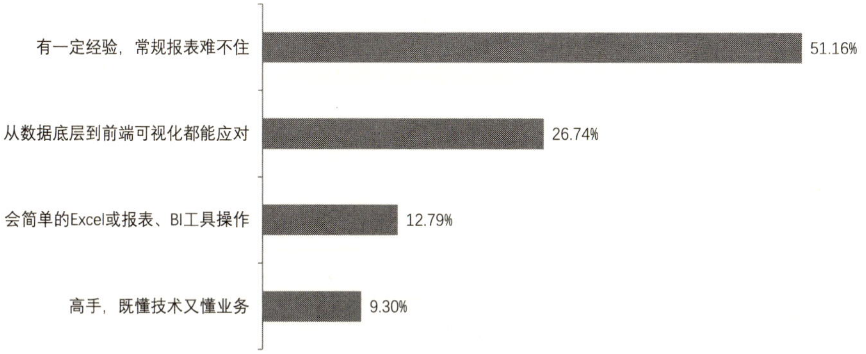

数据来源：帆软数据应用研究院《2019 企业数据生产力调研报告》

图 6-4　数据团队成员的开发能力

针对数据团队成员能力短板的分析结果也验证了这一点。如图 6-5 所示，有 41.86%的被调研企业认为，数据团队成员的最大短板在于搭建企业各业务模块分析体系的能力。

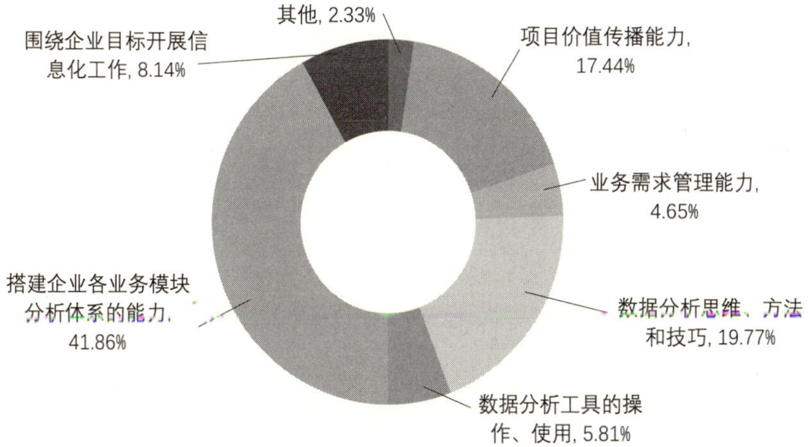

数据来源：帆软数据应用研究院《2019 企业数据生产力调研报告》

图 6-5　数据团队成员的能力短板

前面提到数据团队一般归属于 IT 部门，带有 IT 属性，从 IT 人员的特征、IT 部门的定位上寻找原因，数据团队业务能力不足的现状也就不难理解了。

IT 人员多是理工科出身，能钻研技术，但不擅长沟通、协调、运营、策划等非技术性任务。而且，很多传统企业对 IT 人员的定位和招聘要求较低，能做运维工作即可，并没有指望他们去做多大的创新或主动做事情。这内外两方面的原因导致 IT 人员往往只会埋头搞技术，很少会花时间尝试理解业务。简而言之，就是 IT 人员既不愿意花时间也不擅长学习业务知识。

从部门层面来说，IT 部门的定位也使得 IT 人员没有时间和没有氛围去学习业务知识。IT 部门负责整个企业的信息化建设，事务繁多，很多 BI 项目成员需要兼做其他 IT 系统的开发及运维工作，可以说加班加点是家常便饭，根本没有时间和精力去学习业务知识。有些企业的 IT 部门过度依赖 BI 厂商，只要有需求就直接提给厂商，不注重自身能力的培养。在企业内部，IT 部门与业务部门的关联也不够紧密，IT 部门更多时候只是响应需求，而不是去理解业务、引导需求。

那么，在招聘难和培养难的矛盾面前，企业应当如何选择？笔者的建议是“招不如养”。多花点钱能招到人，但是内部培养机制却不是花钱就能解决的。不解决这一问题，企业的人才梯队仍然会面临断档的情况，人才储备始终缺乏活力。而只要找到正确的方式，企业会发现其实培养自己的数据人才并没有想象中那么难。如何搭建数据人才培养体系？笔者总结为明确企业需求、规划成长路径、强化培训效果和缩短培养周期等 4 点，也是 6.2 节要介绍的内容。

6.2 搭建数据人才培养体系

企业培养数据人才的一个重要原则就是合适，即培养出来的数据人才要满足企业的实际工作需要，否则和从外面招来的“水土不服”的情况无异。因此，在搭建数据人才培养体系时，不光要注重培养能力，还要明确企业的需求和规划成长路径，并且利用一切可以利用的资源来降低培养成本和缩短培养周期。

6.2.1 对症下药，明确企业需求

与建设 BI 项目一样，企业在搭建数据人才培养体系之前，也需要对自身数据工作现状进行诊断，搞清楚有哪些数据岗位，对数据人才有哪些需求（即应具备何种能力），以及目前数据团队急需增强哪方面的能力。因为在应用数据的不同阶段，企业对于 IT、人才、资金等资源的需求不尽相同，更重要的是所感受到的数据价值和影响力差别显著，所以数据团队的负责人第一步就需要清晰地定位企业当前对数据的应用处于哪一阶段，然后基于这一定位给企业带来价值，增强领导对投入资源的信心。

对于如何确定企业应用数据的现状，图 6-6 给出了一个可行的方式，将企业对数据应用的成熟度分为 4 个阶段，可以从对数据的应用深度、所用的工具、数据文化氛围及数据团队概况等角度看出各阶段的差异和特点。

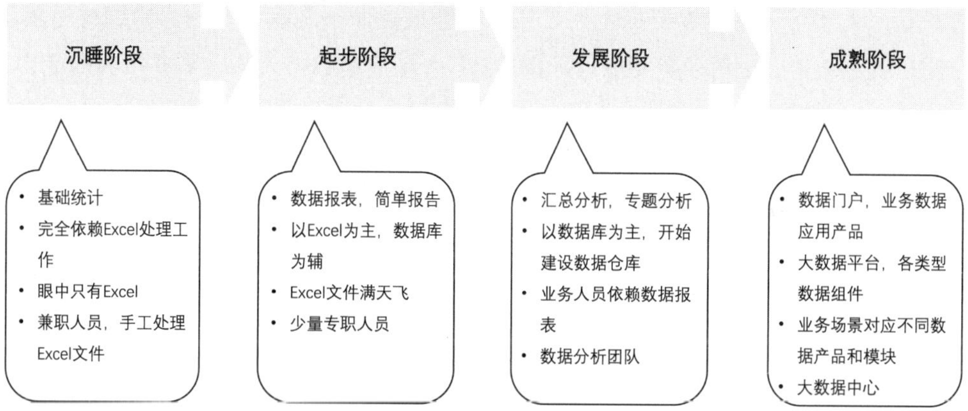

图 6-6 企业数据应用成熟度的 4 个阶段

- 沉睡阶段：在这个阶段，对数据基本是用 Excel 做一些简单的统计和整理。企业基本没有数据文化，对数据的应用就是使用 Excel 做表，做数据分析的基本都是兼职人员。
- 起步阶段：这时已经开始用数据报表做报告，因此企业内 Excel 文件满天飞，数据应用工具还是以 Excel 为主、数据库为辅，但是企业内部有少量的专职

人员来维护数据库。

- 发展阶段：企业对数据的应用逐步深入，开始对不同业务专题、汇总和明细数据进行分析。企业内数据文化有很大发展，形成用数据说话，用数据指导工作的氛围。使用的工具也变成以数据库、专业的分析工具为主，并且尝试了数据仓库，另外还有专业的数据分析团队负责数据工作。

- 成熟阶段：已经有企业级数据门户，积累了不少与业务场景对应的数据产品，而且这些数据产品或服务已是业务运营的核心组成部分。这个阶段，企业采用的数据工具往往是大数据平台或各类成熟的数据组件，此时管理数据运营的是企业的一级机构，即大数据中心。

企业对自身数据应用现状有清晰的认识后，也就知道需要什么样数据人才了，据此制订的培养计划，既符合企业的需要，也能充分发挥数据人才的价值。需要注意的是，人才培养工作也要抓主要矛盾，“抓痛点而不是痒点”的原则同样适用。企业在制订培养计划时，需要规划好成长路径，弄清楚数据人才最需要培养的能力。

6.2.2 因材施教，规划成长路径

企业中的数据岗位有很多，可以有很多不同的发展方向。图 6-7 展示了数据人才职业发展的一些可能路径，比如业务数据分析师和数据挖掘工程师既可以选择沿着首席科学家的路径发展，也可以在成为部门数据专家后进入管理通道，成为高级管理者。

搭建数据人才培养体系时，根据能力和个性因材施教，针对不同的发展方向规划职业通道和成长路径是很有必要的。这样做的好处有两点。一是让数据人才在考虑进入企业的第一刻，就能比较清晰地了解晋升的标准与渠道，知道有哪些发展机会，例如除晋升外，还有各种调岗、轮换的机会。企业提供施展能力的舞台越大、上升空间越多，越能增加对数据人才的吸引力，并且能加大对于优秀数据人才的挽留力度。二是在培养人才时能够更有针对性地设计知识体系，提升数据人才的能力。

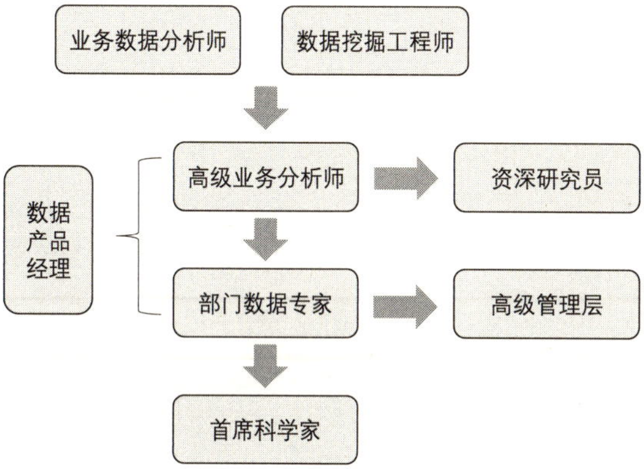

图 6-7　数据人才职业发展方向（部分）

以 BI 工程师为例，需要具备两方面的知识：工具和运营。工具知识很好理解，都说好的工具有事半功倍的效果，但是前提是能熟练掌握并使用。BI 工具的知识体系围绕数据流程展开，从原始数据到最终的可视化仪表盘，一般涵盖数据准备、数据加工、数据分析与可视化及系统管理等 4 个模块。图 6-8 中给出了一份具体的 BI 工具知识大纲，供读者参考，当然企业也可以根据自身人才培养情况和需求对大纲进行针对性的调整。

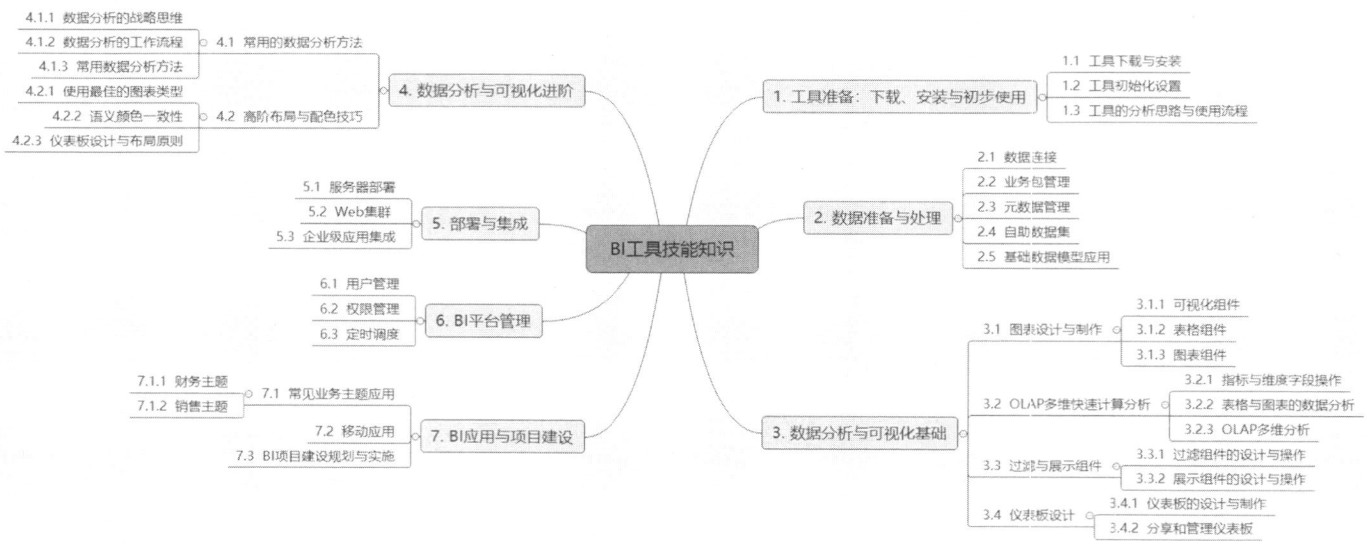

图 6-8　BI 工具技能知识参考大纲

要掌握 BI 工具知识，有多种方式和渠道，例如自由探索、官方文档、免费教学视频、社区问答、付费类课程等。这些方式各有优劣，例如付费类课程，缺点是需要花钱，优点是课程内容会更加全面、成体系，同时也能够督促学员认真学习。

对于数据运营知识，相信很多读者看到这里会有“数据运营是什么”的疑问。运营是一种干预手段，类比用户运营、新媒体运营等运营场景，数据运营就是为了用数据解决问题、发挥数据价值所采取的各类干预活动，不仅仅分析数据，还要将分析的结果用起来。数据运营知识体系如图 6-9 所示，不仅涵盖数据处理、数据分析与挖掘、数据可视化等基础知识，还包括建立流程、应用数据、释放价值等方面的知识。

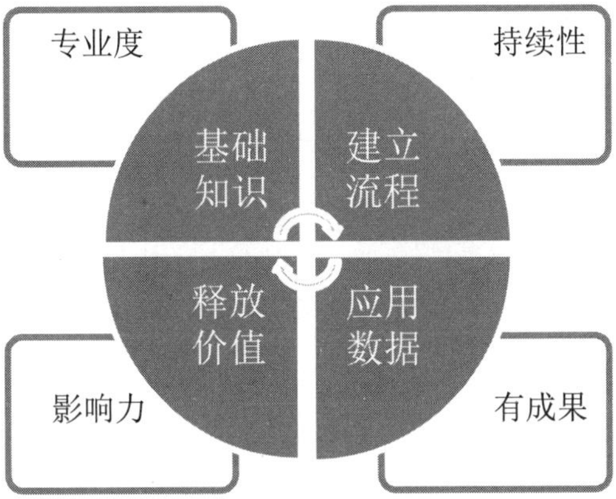

图 6-9　数据运营知识体系

基础知识体现数据人才的专业度，是必须具备的知识，包括以下几类：

- 企业数据文化建设的相关知识：例如数据体验、数据仓库、数据架构、数据可视化等。
- 数据岗位的相关知识：例如数据分析师、报表工程师、BI 工程师等岗位都有各自相应的基础知识体系。
- 统计学知识：数据分析人人可做，但是没有扎实的统计学基础却寸步难行。

掌握建立流程的知识能够帮助数据工作者延续数据价值，体现价值的持续性。建立流程之所以重要，是因为信息化水平、信息化投入不同的企业，数据人才的工作流程也有很大差异。此外，数据专家的工作流程和业务专家的工作流程如何匹配以提高工作效率，也是企业需要持续思考的问题。

对数据的应用能力是数据人才产出工作成果的关键一环。数据人才不能只懂理论不懂应用，尤其是指标体系、业务分析体系、企业管理模型等典型的应用。

释放价值是扩大数据影响力的有效手段，有很多实用的技巧能够帮助数据人才体现数据的价值。例如做好数据报告、用好可视化图表、建设可量化的数据监控体系等。

笔者整理了一份数据运营知识大纲（参见图 6-10），需要注意的是，本书中提到的很多 BI 项目运营技巧并没有放入其中，这份大纲仅供参考，企业可以根据自身情况进行调整。

总的来说，企业培养出来的数据人才，应该会用工具、懂技术，能建立一套规范的流程并将其应用到具体的项目中，还会推广 BI 项目，扩大其影响力。

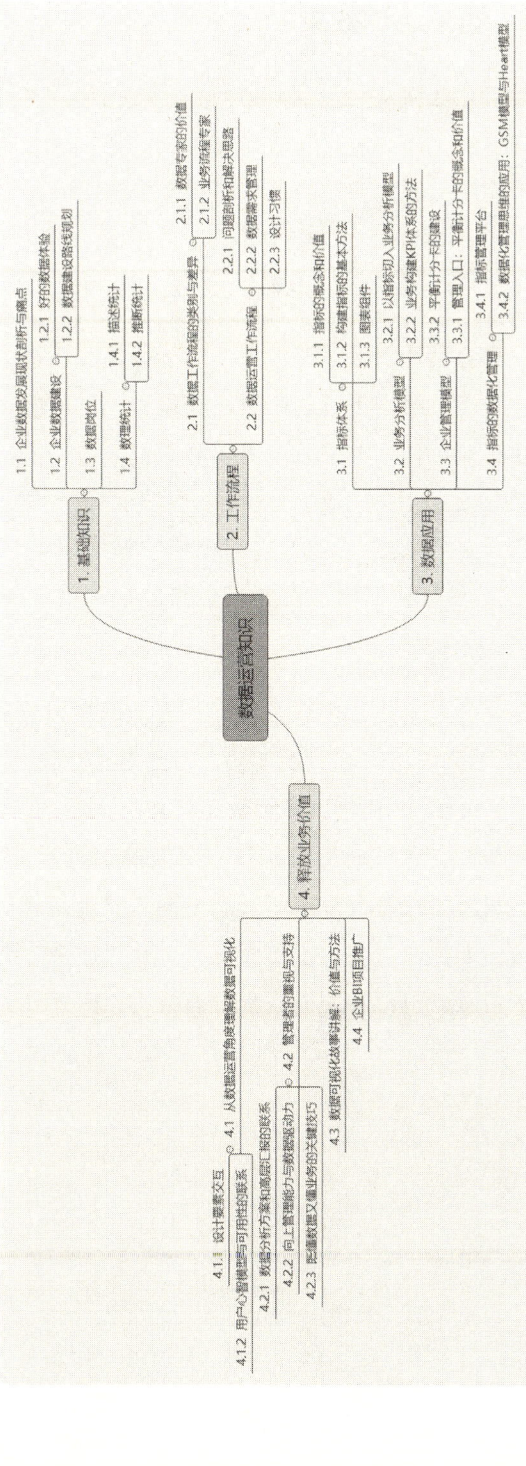

图 6-10 数据运营知识大纲

6.2.3 职级牵引，强化培训效果

规划技能培训时，企业常常会遇到一个问题：如何让数据人才愿意接受这些培训并认真对待？在繁重的工作之外，再安排无意义的培训就是在浪费人的时间和消磨他们的心力。对于这个问题，解决方法非常简单，就是让技能培训变得有意义、有价值，得到培训参与者的认可。企业除了从培训的内容深度和价值上多花功夫外，还可以在制度上采取措施，即基于“职级认证”来规划技能培训的内容。

几乎每一家企业都会设计职级认证体系，用于衡量员工能力、调整岗位和规范员工的晋升。员工要想走上级别更高的岗位，获得更高的薪酬，必须通过更高职级的认证。因此，企业的职级认证体系完全可以和数据人才的能力挂钩，企业需要员工具备什么样的能力，就设计相匹配的认证，当然前提是符合岗位的工作内容及职级的级别。在职级认证体系的基础上规划相应的技能培训，既能保证不偏离培养方向，又能提高员工参与的积极性，并且最终的培训效果还能在平时的工作得到反馈。

例如，某软件企业为员工成长规划了管理与专业两条发展通道（如图 6-11 所示），由于其内部为扁平化的矩阵式组织架构，因此着重建设与打通专业发展通道，旨在培养更多的专才、专家。该企业数据团队还将数据人才的培养与职级认证打通，以职级为牵引，并根据员工入职时间分别设立“雏鹰训练营”“鲲鹏训练营”等针对性培训小组，按照职级要求每个月定期开展不同的技能培训。这样做的结果就是新员工入职后，职级不断提高，能力也不断提升，从“雏鹰”逐步成长为“鲲鹏”，再迈向企业中更高的层级。整个人才体系十分有活力，人才配比合理，既有高层次的 T 型人才，也有储备梯队，不论是何种数据项目，都能轻松组成项目团队从容应对。

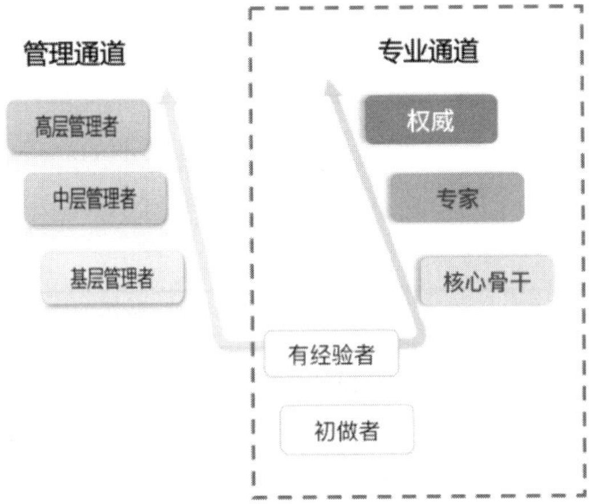

图 6-11　某软件企业员工职业发展通道

6.2.4　外部借力，缩短培养周期

在培养数据人才时，企业不能陷入只靠自己的误区，还可以借助外部的力量。很多厂商都提供 BI 技能培训服务，例如帆软就在国内各个城市不定期举办“城市课堂”和线上系列培训直播，还开设一些专门的培训班，实施项目时也会有专门的技术团队负责客户的培训事宜。从帆软客户的反馈来看，这些技能培训确实帮助了其数据团队人员快速掌握工具的使用，并且提供的参考实例也充分运用了业务思维和数据分析方法，对数据团队的运营能力有不小的提升。

不过需要注意的是，培训一定要实现闭环。安排员工参加培训的目的是帮助其掌握技术、提升能力，不能让其带着完成上级任务的心态去培训。企业可以通过考试或者技能比武等方式来完成闭环，激发数据团队成员的求胜欲和成就感，让他们学有所用和学以致用。

此外，设计一些激励机制，鼓励员工参与外部资格认证和相关技能认证考试，也是利用外部力量培养人才的不错方式。例如，不少帆软的客户企业会要求数据团队成员获取 FCRP、FCBP 等技能认证，并纳入职级认证要求，以此激励数据团队提升专业能力。值得一提的是，还有不少企业将 FCRP 和 FCBP 认证直接作为招聘的要求，既降低所招的人在企业内“水土不服”的风险，也省去了很多后续的培养成本。

数据人才是 BI 项目落地的关键支撑，更是企业数字化转型的利器，对企业至关重要。本章分析了企业面临的数据人才困境，在“招不如养”的情况下，进一步给出了搭建数据人才培养体系的方法，为企业培养合适的数据人才提供帮助与指导。

结语

向 DA 生态系统迈进

BI 项目的成功，不仅取决于选择的 BI 工具，还取决于企业的文化氛围、管理制度、IT 部门与业务部门的沟通及配合等因素，即企业 BI 平台/系统所产出的价值与企业内部环境、人、信息化平台都紧密相关。所有这些因素构成一个系统，就如同大自然中的生态系统一样，是一个统一的整体。我们完全可以换一个视角，以生态思维来看 BI 项目。在自然界，生态系统的形成意味着整个系统是健康的、可持续运行与发展的，而这也是企业 BI 项目所追求的目标。因此，笔者认为，BI 项目的未来是在企业内形成 DA 生态系统（Data Analysis Ecosystem），即数据分析生态系统，能持续产出价值，无须过度维护和运营。

这里所说的企业 DA 生态系统，核心是 BI 平台，围绕 BI 平台，企业的制度与文化、部门间的协调与沟通、流程的配合、人员技术能力等影响数据产出价值的关键因素，构成一个不可分割的、有序关联的、充满生机的整体，如图 1 所示。构建这种紧密结合的有机整体，方能有效、可持续地产出数据价值。

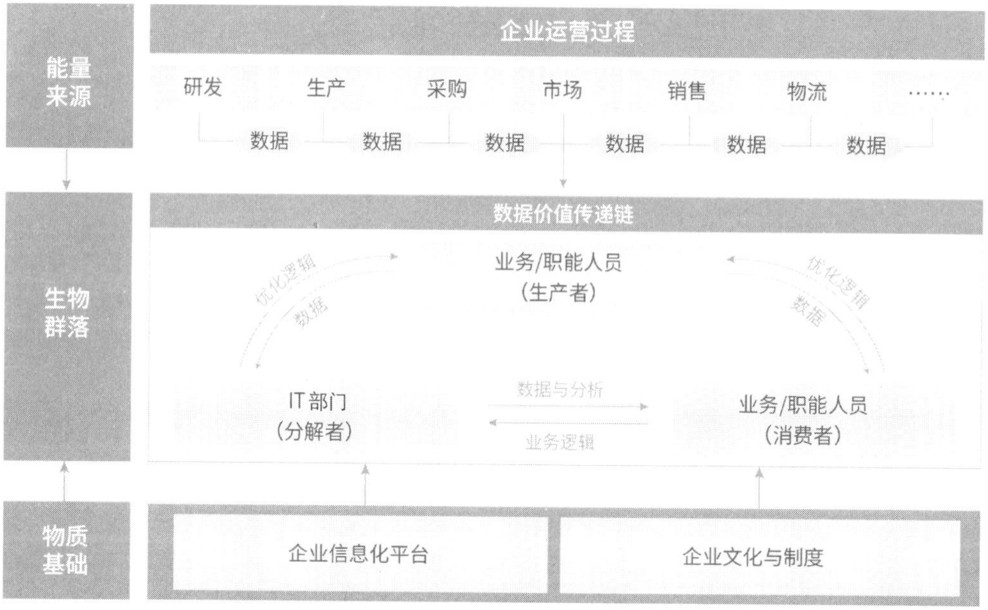

图 1　企业 DA 生态系统

DA 生态系统具备三大特征，即整体统一、丰富多样和动态平衡。

整体统一

要在企业中形成 DA 生态系统，需要更广泛的运营配合和技术探索，其核心是构建一个利益共同体，即做到企业战略目标与 IT 部门目标统一、业务部门与 IT 部门目标统一、信息化现状与未来规划统一。人心齐泰山移，这也是前文不断强调的 BI 项目成功要点。

为促进整体统一，IT 部门一定要弄清楚企业的需求以及信息化现状，用发展的眼光看待业务系统、数据分析平台的建设，做好稳步推进的规划，确保两个基本匹配。一是技术与业务需求匹配。落后过时的技术会让自身工作陷入被动，导致年年上系统，年年都满足不了业务需求；过于先进的技术，则难以落地，或者无法发挥作用，白白造成巨大的沉没成本。二是要确保技术需求与人才储备相匹配，做好人才的“选、用、留”工作。在保证两个基本匹配方面，IT 部门既不能大手大脚，也不能畏首畏尾；既要抬头看天，也要低头看路，需要应用双模 IT 建设的思想和方法，沿着 BI 项目建设路线图稳步前行。

丰富多样

DA 生态系统要面向不同的角色，无论是 IT 部门、业务部门还是管理层，都能从 BI 平台中各取所需，进行查询、分析、管理和做决策。例如，IT 部门需要通过 BI 平台快速响应业务需求，做好数据支撑，同时为自己减负，以便做更多有价值的探索；业务部门需要 BI 平台提供灵活的可视化分析架构来发现业务问题，不断将业务经验和数据分析相结合，增加业务的价值；管理层需要 BI 平台提供及时、准确的信息来辅助决策，推动企业的信息透明化和数据化管理，将生产经营任务拆分到各层级，提高公司战斗力，增加企业竞争力和利润。

数据分析不分时间和空间，无处不在，无时不在。所以，DA 生态系统也要面向不同的环境，这里包括我们工作时所处的物理环境，也包括工作流程中的任务环境。物理环境分为办公室（PC 端）、会议室（大屏）和出差在外（移动端），后两种场景在第 4 章中已详细介绍。BI 平台要同时满足这些硬件终端的可视化展现需求。任务环境分为业务过程、绩效监控、经营分析会议，BI 平台要提供数据查询与展现、指标监控、预警、消息推送等功能。

动态平衡

DA 生态系统能保持动态平衡。任何稳定的系统，都是健壮的，都有自己的保护机制。DA 生态系统的保护机制便是系统的运行机制：企业管理和数据价值传递链。有运营规则的约束，DA 生态系统可以应对一定程度的冲击，例如 IT 人员的短暂缺位不会造成严重影响，面对新需求、新挑战有临时的应对办法。DA 生态系统的健壮性则表现在可以移植，在其他企业中是可以复制的。

DA 生态系统应该是长期可持续发展的，因此是可以进化的，通过不断升级优化，产出更多数据价值。比如，对 BI 平台通过 PDCA 闭环优化，整合功能，推陈出新；对当前数据分析报表进行提炼、归纳与合并，淘汰落后、陈旧的报表和分析方法，主动引入、吸收新思想、新方法。

笔者大胆设想，DA 生态系统是 BI 项目的终极目标，是必然趋势，是我们 BI 从业者努力的方向。但是每家企业的情况不一样，必须运用辩证思维，分清主次和难易，然后有步骤地改进，先做好 BI 项目，再向 DA 生态系统迈进。